在旅行中读画

虞掌玖 编著

山东画报出版社
济南

**图书在版编目（CIP）数据**

在旅行中读匾 / 虞掌玖编著. -- 济南：山东画报
出版社, 2025. 2. -- ISBN 978-7-5474-5225-7

Ⅰ. K875.4

中国国家版本馆CIP数据核字第20257TH622号

*ZAI LǙXING ZHONG DUBIAN*

## 在旅行中读匾

虞掌玖　编著

**责任编辑**　怀志霄
**装帧设计**　王　芳

**出 版 人**　张晓东
**主管单位**　山东出版传媒股份有限公司
**出版发行**　山东画报出版社
　　　　　社　　　址　济南市市中区舜耕路517号　邮编　250003
　　　　　电　　　话　总编室（0531）82098472
　　　　　　　　　　　市场部（0531）82098479
　　　　　网　　　址　http://www.hbcbs.com.cn
　　　　　电子信箱　hbcb@sdpress.com.cn
**印　　刷**　山东临沂新华印刷物流集团有限责任公司
**规　　格**　148毫米×210毫米　32开
　　　　　11.5印张　229幅图　268千字
**版　　次**　2025年2月第1版
**印　　次**　2025年2月第1次印刷
**书　　号**　ISBN 978-7-5474-5225-7
**定　　价**　68.00元

# 目　录

1

# 匾额：门楣上的文化

　　匾额，是标识建筑物名称，表达人们义理情感，点景状物的文学艺术形式。它悬于门屏，在有限的空间里融语言、书法、雕刻、篆印、工艺等艺术于一体，在形制、内容、书体、色彩上各呈其美，成为富有历史底蕴、文化特色、审美意趣的具象表现。

　　匾额发轫于先秦，定形于两汉，发展于唐宋，成熟于明清。它深入社会生活的各个方面，无论皇家宫苑、官署门第、寺庙宗祠、楼阁殿堂、医德教泽、功德声望、贞节贤孝、婚喜寿庆，都会用匾额表达题匾者的意愿和情感，起到标识和点景的作用，传载含义深远的思想信息，具有极强的文学艺术感染力。

　　匾额因其极高的艺术价值、文化价值、文物价值和历史价值而成为中华民族文化园地中的瑰宝。

拍摄自北京颐和园。颐和园东宫门门额。

颐：养。《周易·序卦》："颐者，养也。"和：人体元气。古人认为，天地间阴阳交合而成"和气"。有"和气"而后万物生。颐和，颐神养寿，中和元气。乾隆帝曾多次用"颐和"题写匾额，紫禁城有"颐和轩"，避暑山庄和圆明园有"颐和书屋"，沈阳故宫有"颐和殿"。

此额形制为"骚青底九龙雕漆金字匾"，边框塑有九条龙，列颐和园横匾系列最高等级。颐和园其他横匾只有五龙，观景建筑则不用雕龙匾。"骚青底"指匾心色彩，即兰青色，又称"磁青色"，是皇家专用颜色。

匾额上部并列三方额章，为慈禧印玺，也称为"三方佛爷宝"；左下部纵向的两方压脚章为光绪皇帝印玺"光绪御笔之宝"和"爱日春长"闲章。"爱日"原指冬日，常喻恩德，古时又指儿子供养父母的时日。"春"有年、岁之意；春长，指父母的慈爱绵长。光绪用在这里有恭维慈禧万寿无疆之意。

　　此额是颐和园唯一一块同时钤盖皇帝和皇太后印玺的匾额。五方印玺位置的高下，宣示着皇太后与皇帝之间的尊卑关系。

　　据传，"颐和园"三字实为清末书法家严寅亮题写。

　　【读后感】与天地同乐，方能颐养气和。

拍摄自北京颐和园。仁寿殿殿内匾额。慈禧御书。额章是慈禧"三方佛爷宝"玺印：中间为"慈禧皇太后御笔之宝"，右侧为"和平仁厚与天地同意"，左侧为"数点梅花天地心"。

"寿协仁符"即"仁寿符协"。寿，长寿。仁，仁政。符协：符合、相同。

寿协仁符，意思是这里的君主既仁且寿；亦含自勉义：施仁政者能长寿。《论语·雍也》："智者乐，仁者寿。"意为心怀仁德与施行仁政者能长寿。

仁寿殿在乾隆清漪园时期叫做"勤政殿"，取不忘勤理政务之意。光绪年间改名仁寿殿。

【读后感】寿协仁符，自勉，可以；自诩，便滑稽可笑了。

拍摄自苏州留园。留园东部冠云台匾额。款署："甲子秋初月，南汇百三岁苏局仙。"此匾为恢复历史原貌而作，1984年特请百三岁苏局仙补书。

额取《庄子·秋水》篇中庄、惠问答之意。庄子与惠子游于濠梁之上。庄子曰："鲦鱼出游从容，是鱼之乐也。"惠子曰："子非鱼，安知鱼之乐？"庄子曰："子非我，安知我不知鱼之乐？"

苏东坡慕名游濠梁古迹时曾作诗云："欲将同异较锱铢，肝胆犹能楚越如。若信万殊归一理，子今知我我知鱼。"明代王世贞云："还将吾乐同鱼乐，三复庄生濠上篇。"杭州玉泉对联云："鱼乐人亦乐，未若此间乐。""泉清心共清，安知我非鱼。"

【读后感】云有云的快乐，雨有雨的快乐，花有花的快乐，草有草的快乐。与自然同乐，让自己体验自然万物的快乐，人世间还有什么不能乐的？

拍摄自承德避暑山庄。四知书屋位于承德避暑山庄澹泊敬诚殿后，建于康熙五十年（1711），面阔五间，是清帝避暑时节召见朝臣和各族王公、处理军国要务及举行大典前后更衣休息之处。

"四知"语出《周易·系辞下》："君子知微、知彰、知柔、知刚，万夫之望。"微：细小。彰：明显。知彰易，知微难，何时该柔，何时该刚，都需要君子的智慧。一个人能做到这"四知"，既了解细小的萌芽状态，又了解发展起来后的显著特征；该退时退，该进时进，该作决定的时候当机立断，才能"万夫之望"。

"四知书屋"额为乾隆皇帝御笔亲题，意在对国家大事运筹帷幄，刚柔相济，恩威并施。匾额正中有一方"五福五代堂古稀天子宝"的玺印，说明乾隆皇帝此时已过古稀之年，表达他五世同堂的高兴心情。

【读后感】普通百姓在日常生活中，如能"知微、知彰、知柔、知刚"，且不说一定会左右逢源，至少可以让自己不受不明不白的欺负。

拍摄自山东淄博周村区王村镇西铺村。毕自严故居（蒲松龄书馆）振衣阁额。额字为书法家朱学达书。

毕自严，明崇祯年间户部尚书。其故居始建于明万历、天启、崇祯朝，后由其次子毕际友于清康熙中叶续建完成，为明代风格建筑。毕氏故居中有万卷楼，原藏书近五万册，为明清时中国八大私家藏书楼之一，与宁波天一阁齐名。后万卷楼藏书移至振衣阁内。

振衣阁原匾额有"崇祯乙亥荷月上浣""练坡佐书"字样。其抱柱联为"万卷书当南面富，一帘风快北窗凉"，系徐日升题。

振衣，抖衣去尘。《楚辞·渔父》："新沐者必弹冠，新浴者必振衣。"王逸注："去尘秽也。"后人用以比喻洁身远尘，去世间污秽，洁自身高尚。

振衣阁落成时，值清朝礼部尚书毕道远（毕自严弟毕自肃九世孙）被陷罢官一年后罪名洗雪，皇帝下诏官复原职，毕氏遂以"振衣"为阁名。

蒲松龄三十二岁时应毕际有之聘在毕府执教，前后达三十八年。万卷楼、振衣阁、聊斋俱是他读书写作之处，并于此著成《聊斋志异》《聊斋俚曲》《聊斋杂著》。今人遂将毕氏故居一部分辟为"蒲松龄书馆"。

【读后感】三十八年执教于一地，专工一事，此为成就《聊斋志异》之奥秘。

匾额：
建筑物的标识

标识功能是匾额的基础功能。东汉许慎《说文解字》："扁，署也……署门户之文也。"在门楣上题字制匾，以作居室的标记。

中国的古建筑，举凡殿宇、楼台、亭阁、轩榭、堂馆，千门万户，如果没有匾额，很难识别。明费瀛《大书长语·堂匾》："堂不设匾，犹人无面目然。"匾额是建筑物的名字和标签，给日常生活和社会管理带来诸多方便。

匾额的标识功能又具有强烈的政治意味。标识各级衙署、街道里坊、民间门户实际是标识社会等级和地位。即便是寺庙、宗祠或大量遗存的城池、关隘、河桥，其标识在旧时也都有严格的规定，越规者要治罪。

同时，匾额的标识功能蕴含着题匾者的思想、情趣、追求等精神理念。即便单纯的标识如"王宅""赵园""木府""乔家大院"，也无不弥漫着夸耀宗门望族的意味。

标识匾的用词或直白点题——匾名中最后一字常为"庭、台、楼、阁、府、馆、园、廊、院、宫、殿、寺、庙"等；或寓意祥瑞，表征心境，规诫自勉。

# 皇家宫苑匾额

    皇家御匾一般分为两种，一是宫中用匾，主要为皇家宫苑（包括行宫、陵寝等）的宫殿门楼名匾，及室内挂的各种词匾；第二种是赐匾，即皇帝赐给下属个人斋馆或各地庙宇、书院等建筑的名匾及词匾。

    宫中用匾，按照功能可分为建筑标识性匾额、意愿表达性匾额和御园点景性匾额三类。皇宫重重殿宇，层层楼阁，用匾额标识建筑物的名称，便于宫廷生活与管理。宫苑建筑的外匾标识，无论是外朝的理政场所还是内廷的生活区域，都蕴含了帝王的意愿。宫苑室内的词匾更直接表达了皇家治朝理政的思想。至于富有诗意的御园匾额，则让花园生色、给建筑增辉，起到点景、引景的作用。

    皇家匾额的形制基本为横匾与竖匾两种，具体形制依建筑的情况而定。紫禁城中轴线上重要建筑最为常见的是如意云纹斗匾和浮雕云龙斗匾。如意云纹斗匾多悬挂于前三殿、后三宫区域；

浮雕云龙斗匾多悬挂于宁寿宫、建福宫和重华宫等区域。

清代皇家建筑匾额上的文字多为皇帝御笔，以馆阁体大字书法为主，笔法严谨，笔力遒劲。外匾大部分用满、汉双语书写，有的甚至自右至左满、汉、藏、蒙四体文字依次排列。

拍摄自北京故宫。紫禁城太和殿外匾。斗匾。

太和、中和、保和三大殿是紫禁城外朝理政场所的主要宫殿。太和殿，俗称"金銮殿"，明永乐十八年（1420）建成，当时称奉天殿。嘉靖时改称皇极殿。清朝建都北京后，顺治二年（1645）改称太和殿。曾数次灾毁和重建。现太和殿是康熙三十四年（1695）重建的。

太和殿是紫禁城内体量最大的建筑，也是中国现存规制等级最高的古代宫殿建筑。皇帝在此举行重大朝典：皇帝即位、皇帝大婚、册立皇后、金殿传胪（公布新进士名单）、命将出征等，但不用于上朝。每年万寿节、元旦、冬至三大节，皇帝于此接受文武官员的朝贺，并向王公大臣赐宴。

　　"太和"出自《周易·象传》："乾道变化，各正性命，保合大和，乃利贞。"乾道：天道。各正性命：大自然极其公正地让万物各得其宜。保合：即保全。大和："大"与"太"通，即"太和"。太，至高至极。和，和谐。太和即宇宙万物一切关系都得到协调，是最高层次的和谐状态（次等和谐曰"中和"）。皇家以"保合太和"作为最高价值理想，期望实现政通人和、天下太平、长治久安的局面。

　　【读后感】平民百姓能有一生的"各美其美，各利其利"的小和谐，已属幸福。

　　拍摄自北京故宫。紫禁城太和殿内匾。原匾下落不明，现匾是2002年根据1900年《清朝皇室写真》中的老照片复制而成。

　　建极，出自《尚书·洪范》："皇建其有极。"绥猷，出自《尚书·汤诰》："克绥厥猷惟后。"建：建立、创设。极：屋脊之栋，引申为治国最高准则，或指最高地位，君位。建极：建立中正的治国方略。绥：挽手上车的绳索，引申为安抚、顺应，安定。猷：道，法则，谋划。建极绥猷：君临天下，要上体天道，运筹谋划，建立法则，治理国家；下抚民意，顺应大道，安抚各方，安定天下。

　　此匾为乾隆帝书，挂于太和殿中，一是表明乾隆帝的治国理想，有心怀天下的使命感；二是告诫后世守业之君，皇权受命于天，祖宗创业艰难，要敬天爱民，执政公允，顺应民意，永保国富民强，四海承平，江山万年；三是表达了乾隆帝对自己治理下实现太平盛世的自得。

乾隆帝在太和殿内的两副题联是:"龙德正中天,四海雍熙符广运;凤城回北斗,万邦和协颂平章。""帝命式于九围,兹惟艰哉,奈何弗敬;天心佑夫一德,永言保之,遹求厥宁。"

【读后感】治家其实也需要自己的"建极绥猷"。

拍摄自北京故宫。紫禁城中和殿外匾。斗匾。

中和殿位于太和殿、保和殿之间。始建于明永乐十八年（1420），明初称华盖殿，嘉靖时遭遇火灾，重建后改称中极殿。清顺治二年（1645）改称中和殿，是皇帝去太和殿大典之前休息的地方。凡遇皇帝亲祭，如祭天坛、地坛，皇帝需于前一日在中和殿阅览祝文。祭先农坛举行亲耕仪式前，还要在此查验种子和农具。三大殿中唯有此殿可供皇帝一人静静思考。

殿名出自《礼记·中庸》："喜怒哀乐之未发，谓之中；发而皆中节，谓之和。中也者，天下之大本也，和也者，天下之达道也。""中和"二字，其意在于宣扬"中庸之道"。原意是天地万物要以"和"节制自己，保持平衡，不要为情绪所左右，始终处于平和状态。引申为凡事要做到不偏不倚，恰如其分，才能将各方面关系处理得协和调顺。"中"是天下最大的根本，"和"是天下最通达的道理。"致中和，天地位焉，万物育焉。"君子达到中和，天地都会赋予他应有的位置，万物都会得到养育。

【读后感】人需要中正平和。失去中正平和，喜、怒、哀、乐一定会太过。太过，会伤害身体、伤害人际关系。人在"中和"状态时最容易获得幸福感。

拍摄自北京故宫。紫禁城中和殿内匾。乾隆御笔。

允：诚信。执：遵守，操持。厥：其，那个。中：中正，适中。允执厥中，意思是真诚执守不偏不倚的中正之道。这点明了中和殿的含义。

允执厥中，出自《尚书·大禹谟》："人心惟危，道心惟微，惟精惟一，允执厥中。"这是舜告诫禹的。原文意思是人心危险难安，有了邪念，就会走向犯罪，所以要对邪念加以防范。大道理虽然幽微难明，但要坚持培养人心向善的萌芽。只有精心一意，做到防其邪、培其芽，诚恳地秉执其中正之道，才能治理好国家。

乾隆皇帝认为，"仁寿"（施以仁政以图国家长治久安）与"中和"（适中恰当，协调和顺）是治理国家的两个法宝。他题中和殿的两副联语之一是："仁寿握乾符，万国车书会极；中和绵鼎箓，九天日月齐光。"意思是，仁寿是我掌握的乾符，也是我统一天下的根本准则；中和是我所秉承的鼎箓，它如同日月普照人间。

【读后感】守天下以中庸，夺天下呢？

拍摄自北京故宫。紫禁城保和殿外匾。斗匾。

保和殿位于中和殿后，初名"谨身殿"，明嘉靖时遭火灾，重修后改称"建极殿"。清顺治二年（1645）改为保和殿。

明朝，皇帝大典前常在保和殿更衣。清朝则在此举办国宴，每年除夕、正月十五，皇帝赐宴外藩、王公及一二品大臣。乾隆五十四年（1789）后，科举考试的殿试也在保和殿进行。每岁终，宗人府、吏部在保和殿填写宗室满、蒙、汉军以及各省汉职外藩世职黄册。此外，顺治帝、康熙帝都曾在保和殿短暂居住过。顺治帝居住时称此处为"位育宫"。康熙帝居住时称此处为"清宁宫"。

太和殿、中和殿、保和殿殿名均有"和"字。和，不偏不倚，不过也不及，万事万物、各种人都各得其所，各安其位，和谐相处。这是传统文化追求的理想境界。"保和"，保持天地万物间的和谐关系。礼、乐、刑、政要和；君臣父子、兄弟夫妇要和；冬夏春秋、鸟兽虫鱼、草木花卉要和……天地万物都和，彼此没有冲突，才能福寿安乐，天下太平。清代更三大殿名为太和、中和与保和，标示了统治者的治国思想。

【读后感】或许，人人认命，安于现状，才能人人各得其所，和谐相处。

拍摄自北京故宫。紫禁城保和殿内匾。乾隆御笔。

皇建有极，典出《尚书·洪范》："皇建其有极。"皇：大，人君。建：建立。极：正中承脊之栋，引申为中、中正的准则。意思是君王奉天命立国，制定他的统治准则（天下最高准则），要有中道，不偏不倚。与太和殿的"建极"是一个含义。

乾隆帝题保和殿联："祖训昭垂，我后嗣子孙，尚克钦承有永；天心降鉴，惟万方臣庶，当思容保无疆。"钦承，指子孙能够恭敬地继承和接受祖上留传下来的训诲与教导。《尚书·说命下》："惟说式克钦承。"上联寓意为：祖宗的训诫昭然永垂后世，我后嗣的子孙应该敬承祖命，继承一直到永远。天心，出自《尚书·咸有一德》："克享天心，受天明命。"指上天的意志。降鉴，犹俯察。万方，万邦，各方诸侯，引申为全国各地。臣庶，群臣百姓。无疆，无穷、永远。下联意为皇天明察如镜，仁心向下照临，宽容保护天下臣民的使命没有止境。此联与"保和""皇建有极"呼应，意谓皇宫作为天下的中心，皇帝作为万民的表率，应在百官臣工面前，谨遵祖训与天命，安定天下，永保无疆。

【读后感】创业难，守业更难。后人不知先人创业之艰辛而"富不过三代"。

拍摄自北京故宫。紫禁城内廷乾清宫外匾。满汉双体文斗匾。

清初，皇宫匾额用满、蒙、汉三种文字题写。顺治十三年（1656）后，逐渐取消了皇宫匾额上的蒙古文字。古代直行书写的文字，以右为先。皇宫匾额的字体因此大都是汉文居左，满文居右。

乾清宫、交泰殿、坤宁宫是紫禁城后三宫。明末清初，乾清宫是皇帝的寝宫。明代有十四位皇帝曾在此居住。清代雍正帝移住养心殿后，这里成为皇帝召见廷臣、批阅奏章、处理日常政务、接见外藩属国陪臣和岁时受贺、举行宴筵的重要场所。

《道德经》："昔之得一者，天得一以清，地得一以宁，神得一以灵，谷得一以盈，万物得一以生……"《周易·说卦》："乾为天，为圜，为君，为父……"乾，代表阳。清康熙帝在《乾清宫读书记》中写道："夫乾为健，天得一以清，所贵执中而建极也。"意谓天永远运行不息，天得道才能清宇。乾清宫的含义就是皇帝遵循天的法则，永清海内。它与坤宁宫一起象征着天清地宁、统治永久。

【读后感】一个家庭，父为天，母为地。父母阴阳合璧，家才会兴旺持久。

　　拍摄自北京故宫。紫禁城乾清宫正殿内匾。顺治御笔，乾隆重新摹写。上款为"皇考世祖章皇帝御笔书正大光明……康熙五十七年吉诞恭跋"，钤"广运之宝"印，下款为"皇曾祖世祖章皇帝御笔匾额……乾隆六十二年冬月恭跋"，钤"太上皇帝之宝"印。

　　《周易》："大者，正也。正大而天地之情可见矣。""刚中正，履帝位而不疚，光明也。"乾清宫是皇帝日常起居和处理政务的地方。作为"乾"，表现的是天地正大，日月光明，象征皇权正统至上，能行天地日月之道，以突出政权的合法性和皇权的至高性。

　　"正大光明"匾原为顺治帝书，康熙帝将其摹刻于汉白玉石板之上，以示"垂诸永久，为子孙万世法"。

　　自雍正朝开始，皇帝秘密写下选定皇位继承人的文书，一式两份，一份放在皇帝身边；一份封在"建储匣"内，放到"正大光明"匾背后。皇帝死后，由顾命大臣共同取下"建储匣"，和皇帝密藏在身边的一份对照验看，经核实后宣布皇位继承人。乾隆、嘉庆、道光、咸丰四帝，都是按此制度登上宝座的。

　　【读后感】标榜正统，炫耀伟大，是统治者的一贯作风。

拍摄自北京故宫。紫禁城内廷交泰殿外匾。满汉双体文斗匾。

交泰殿，位于乾清宫和坤宁宫之间，取《周易·泰》"天地交，泰"而名。乾为天，坤为地，乾坤交泰，阴阳平衡，天地合一，国泰民安。

中国哲学里，一切均有两面，而对称意味着和而归一。阴阳协调，正是"交泰"二字所蕴含的深刻伦理。汉王符《潜夫论·班禄》："是以天地交泰，阴阳和平。"三国魏曹植《冬至献袜履颂表》："四方交泰，万物昭苏。"乾隆皇帝在《交泰殿铭》中提到"殿名交泰，象取地天"。天地相交，万物化生；阴阳相交，流行亨通。万物通畅而得以生养，达到康泰、和顺的境界。

交泰殿的外檐彩画传达了同样的理念。自太和门至乾清宫，建筑彩画一直以金龙纹样装饰，直到交泰殿才出现"龙飞凤舞"的龙凤和玺彩画。这是"天地交合、康泰美满"的表达，也是以"阴"为象征的后宫女性地位的体现。

明清两朝，这里曾是重大节庆时皇后接受朝贺之所。清顺治帝还在这里设立了"内宫不许干预政事"的铁牌。

【读后感】身体的阴阳和谐，是健康之本。

　　拍摄自北京故宫。紫禁城交泰殿内匾。清康熙帝御书，其真迹因火灾被焚毁。此匾为乾隆六十二年（1797）重摹。故匾的右上方写"圣祖御书"，左下方写"乾隆六十二年丁巳御笔恭摹"，并钤"太上皇帝""五福箕畴"玺。

　　"无为"取自《论语·卫灵公》："无为而治者，其舜也欤。"乾隆帝在《交泰殿铭》中写道："无为而治，圣训昭垂。"

　　无为，不是不作为，而是在遵循自然规律的前提下，做该做的事。要经过有为的思考，以时势、趋势的判断做出顺势而为的行为，不人为做作，达到"无为而无不为"的境界。

　　康熙帝题此匾意在告诫子孙要顺应天道无为而治。同时，交泰殿是外朝与后宫分界之所，此匾亦是警醒后宫到此"无为"，不要干涉朝政。大家各司其职才能国泰民安。

　　【读后感】心中"放得下"才能真正"无为"。凡事放不下的人，一定会有所为。然而，人生有所不为才能聚精凝力有所作为。

拍摄自北京故宫。紫禁城内廷坤宁宫外匾。满汉双体文斗匾。

明代，坤宁宫为皇后寝宫，又称"中宫"。清代改为萨满教祭祀的场所，康熙帝、同治帝、光绪帝先后在此举办大婚仪式，也是末代皇帝溥仪举办婚礼的场所。

《道德经》："天得一以清，地得一以宁，神得一以灵，谷得一以盈，万物得一以生，侯王得一而以为天下正。"皇帝是天，皇后是地；皇帝是"乾"，皇后为"坤"。"天得一以清"，皇帝寝宫名"乾清宫"。"地得一以宁"，皇后寝宫名"坤宁宫"，与乾清宫相对。

坤宁宫始建于明永乐十八年（1420），两次毁于大火。万历三十三年（1605）重建。清两次重修。最后一次重修是嘉庆三年

（1798）。李自成农民起义军打进北京时，崇祯皇帝的皇后周氏就是在坤宁宫自缢身亡的。

【读后感】"清""宁"都是相对的，表达良好愿望可以，为之努力可以，但真正的"清""宁"，难。客观诸要素纷扰，人何来"清"，心何以"宁"。

日升月恒

拍摄自北京故宫。此匾悬挂于紫禁城坤宁宫东暖阁皇帝大婚喜床之上。慈禧题写。

恒：通"亘"，此处为本义，上弦月逐渐圆满。日升月恒，意谓如同太阳刚刚升起，又如初出的上弦月渐圆。比喻有强大的生命力和发展前途。旧时常用作祝颂语，用以祝颂人的官运亨通、事业发展。此语本出自《诗经·小雅·天保》："如月之恒，如日之升。如南山之寿，不骞不崩。"毛传："恒，弦；升，出也。言俱进也。"郑玄笺："月上弦而就盈，日始出而就明。"明归有光《少傅陈公六十寿诗序》："德与年而俱进，如日升月恒。"

坤宁宫东暖阁皇帝大婚床榻之上悬挂此匾，寓意恩爱长久，子嗣昌盛，福气满盈。

【读后感】新婚宴尔，各方面如日初升。七年之痒，常常乌云蔽日。人对诸多祝颂语，可笑颜相迎，却不可笃信不疑。

拍摄自北京故宫。紫禁城内廷西路养心殿外匾。满汉双体文龙边斗匾。

养心殿，明代嘉靖年间建。自明成祖朱棣到清康熙帝，乾清宫一直是皇帝专属寝宫，先后有十六位帝王入住。自雍正帝开始移居养心殿，之后的清代八位皇帝都居住于此。养心殿成为当时集召见群臣、处理政务、皇帝读书及居住为一体的多功能建筑群。同治年间两宫太后"垂帘听政"也在养心殿东暖阁。

"养心"，出于《孟子·尽心》："存其心，养其性，所以事天也。""养心莫善于寡欲。"意思是：保持自己灵明的本心，修养自己天赋的本性，这是事天之道。而修养心性的最高境界是减少欲望，克制各种欲念。用到帝王身上，指皇帝要善于涵养天性，时刻保持清醒和理想，不能乱了方寸。乾隆帝作有《养心殿铭》，其中有"一念之善，百裡蒙庥。一念之恶，万姓贻忧。养之之方，存诚主敬。克己复礼，外王内圣"的句子。意谓只有防止邪念的产生，心诚意敬，克己复礼，才能做到既是君王又是圣贤。由此可知，取名养心，养的是内圣外王的心。

养心门对面有一块巨型九龙玉璧，皇帝每天处理政务时抬头就能看见，寓意"面璧（壁）思过"，提醒皇帝每天都要思过、自省。

【读后感】人人都必须涵养心怀，克制欲望。这是养生之道，也是处世之道。

拍摄自北京故宫。紫禁城养心殿正殿内匾。雍正帝御笔。纸匾。

中正仁和，公允、正直、仁爱、平和。帝王要中庸正直，仁爱和谐。这是雍正皇帝对自身行为准则的最高要求，也是他为政思想的集中体现。

"中正""仁""和"在古代典籍中时有所见。《周易·履》：象曰："刚中正，履帝位而疚，光明也。"《礼记》："中正无邪，礼之质也。""和也者，天下之达道也。"《论语》："克己复礼为仁""礼之用和为贵。"《中庸》："中也者，天下之大本也；和也者，天下之达道也；致中和，天地位焉，万物育焉。"

"仁"，是儒家思想的总纲目，孔子思想的核心。"仁"包括孝、弟（悌）、忠、恕、礼、知、勇、恭、宽、信、敏、惠等内容。"中"是儒家重要的哲学范畴，是一种不偏不倚、恰如其分的适中状态。"和"意为协调、和谐、统一。

养心殿东暖阁在雍正时期悬有"惟仁"二字的匾额。匾额两旁是一对楹联：诸恶不忍作，众善必乐为。养心殿正殿屏风挂有乾隆帝题联：保泰长钦若，调元益懋哉。意思是，保成守业要常怀敬顺之心，调养元气要更加勤勉。乾隆帝阐述了中正仁和的内涵：守中居正、仁育万物、和联众情，以此作为临朝理政的法则。

【读后感】抽象的"中正仁和"具有普遍意义。具体的"中正仁和"则具有对象的有限性。统治者的"中正仁和"在于最大限度地协调各种利益主体。

拍摄自北京故宫。紫禁城皇极殿外匾。满汉双体文九龙闹金斗匾。

皇极殿是紫禁城外东路宁寿宫区的主体建筑，始建于清康熙二十八年（1689），初名宁寿宫。乾隆三十七年（1772），乾隆帝在这里筹建自己"退休"后的居所，微缩仿照中轴线的模式打造太上皇宫殿，改名为皇极殿。整个建筑群亦划分为前朝和内廷，其后殿保留宁寿宫的名称。乾隆帝执政满六十年，在太和殿举行禅位仪式，授玺礼成之后在皇极殿举行千叟宴，此后仍居住于养心殿。光绪二十年（1894），慈禧六十寿辰贺礼在皇极殿举行。慈禧去世后，曾在此停灵、治丧。

皇极，指皇帝建立的准则，即所谓大中至正之道，亦指皇位。《晋纪总论》："至于世祖，遂享皇极。"《旧唐书·外戚传·武承嗣》："皇极者，域中之大宝，必顺乎天命。"乾隆帝改宁寿宫为皇极殿，可见其归政后的心思仍在皇权上面。

【读后感】所谓"鞠躬尽瘁"，也得有施展的平台，一旦"让贤""禅位"于人，鞠躬尽瘁之心又在何处落实？

拍摄自北京故宫。此两匾分别悬挂于紫禁城皇极殿殿堂内外。慈禧自题。

殿堂外"仁德大隆"匾（上图），中间印"慈禧皇太后御笔之宝"，左边是"数点梅花天地心"，右边是"和平仁厚与天地同意"。这三方印为檀香木巨印，成套钤在慈禧自书或有人代笔的大字牌匾上，是皇宫内最大的印章。

"仁德大隆"，隆，盛大。出自西汉焦赣所撰《焦氏易林》

卷第三"日月相望，光明盛昌，三圣茂功，仁德大隆"。意思是
君主治理的国家繁荣，因而有很高的功德。慈禧以此自诩既仁慈
又有德行，行仁政、施德政，大清朝兴隆昌盛。

　　"仁德大隆"匾额"德"字的"心"上面少一横，属书法异
体字。王羲之《圣教序》、柳公权《玄秘塔》、米芾《离骚经》
中的"德"字均没有这一横。

　　【读后感】最可怕的是，统治者自以为的"仁""德"非百
姓心目中的"仁""德"。

拍摄自北京故宫。紫禁城内廷中路御花园钦安殿天一门门额。满汉双体文斗匾。钤"慈禧皇太后御笔之宝"印。

钦安殿是紫禁城中轴线上的最后一座宫殿，是御花园的主体建筑。六百年前它与紫禁城同时落成，是原地原状保留下来的最古老建筑。明嘉靖十年（1531）正月，紫禁城东偏殿发生火灾，十四幢相连殿宇全部烧光。为祈求平安，取"天一生水，地六承之"之意，在钦安殿外围添建院墙，修建院门，于嘉靖十四年（1535）落成。嘉靖帝亲自为院门题名"天一之门"，清代改为"天一门"。

钦安殿位于紫禁城中轴线北端。按古代阴阳五行学说，北方属水。据统计，清朝二百六十多年间，紫禁城大小火灾十六次。

其中，人为九次，雷击七次。如此频繁的天灾火患，让紫禁城的一砖一瓦、一物一景、一草一木，都渗透着旧时原始的防火观念和深切的防火意愿。

此门取名"天一"，有以水压火之意。

【读后感】认知、遵循事物相互关系的规律，才能祈求大自然的庇护。

　　拍摄自北京颐和园。颐和园仁寿殿外匾。满汉双体文五龙斗匾。钤"光绪御笔之宝"印。

　　仁寿殿，颐和园宫廷区的主要建筑之一，是慈禧和光绪帝临朝理政，接受恭贺和接见外国使节的地方。始建于清乾隆十五年（1750），时称"勤政殿"，意为不忘勤理政务。咸丰十年（1860）被英法联军烧毁。光绪十二年（1886）重建，取《论语》"仁者寿"之意，改名仁寿殿。

　　仁寿殿室内装饰突出一个"寿"字。南北暖阁山墙上的巨大条幅，是百只蝙蝠捧着一个"寿"字，寓意"百福捧寿"。殿中宝座后边的屏风上雕有二百多个不同写法的寿字。仁寿殿四周房檐的滴水瓦上也刻上了"寿"字图案，共计四百一十二个寿字。慈禧用近千个"寿"字表示她对长寿的渴望。

【读后感】被亿万个"寿"字包围，依然躲不掉一个"死"字。

拍摄自北京颐和园。颐和园排云殿额。满汉双体文九龙斗匾。钤"慈禧皇太后御笔之宝"印。

排云殿建筑群，以排云殿为中心，由排云门、玉华殿、云锦殿、二宫门、芳辉殿、紫霄殿、排云殿、德辉殿及连通各座殿堂的游廊、配房组成。排云殿原是乾隆为其母后六十寿辰而建的大报恩延寿寺，1860年被英法联军焚毁。1886年慈禧重建后更名"排云殿"，成为她举行万寿庆典的地方。

"排云"二字取自晋朝郭璞"神仙排云出，但见金银台"诗句。清道光年间一位散人和郭璞神仙诗："缥缈神仙境，层云片片堆。遥排依玉宇，偶出见银台。"慈禧受"遥排依玉宇"的启发，遂命名宫殿为"排云"，意指金碧辉煌、重重叠叠的万寿庆典殿堂一如一排一排的祥云，云端上坐着的是神仙。

排云殿建筑群中紫霄殿的"紫霄"是道家认为神仙住的地方，芳辉殿的"芳辉"指神仙、佛祖出现时会佛光四射，德晖殿的"德晖"即仁德的光辉，云锦殿和玉华殿的"云锦"和"玉华"代表"金台""银台"。这组建筑名称与佛香阁呼应，寓意有仁德的主人会像神仙一样长生不老。

【读后感】在云端俯视苍生，只是一时胜景。慈禧最终没有死在云里。

拍摄自北京颐和园。颐和园玉澜堂外匾。钤"慈禧皇太后御笔之宝"印。

玉澜堂为颐和园居住生活区的主要建筑之一，初建于乾隆十五年，光绪年间（1875—1908）重建，是光绪帝在颐和园内的寝宫。光绪二十四年（1898）戊戌变法失败后，慈禧曾幽禁光绪帝于此。

玉澜，"玉润澜清"的缩语，是对君子高尚品格的颂美之词。出自《梁书·刘遵传》："其孝友淳深，立身贞固。内含玉润，外表澜清……"这是梁简文帝萧纲做太子时对刘遵的评价。玉，古人常用以象征君子的品德。澜，水面微波，用来比喻君子清澄磊落的行为举止。玉澜堂，意指君子贤人聚会的场所。题额者以此自诩、自勉。

玉澜堂外檐配有楹联："渚香细裛莲须雨，晓色轻团竹岭烟。"渚香，水边花散发的香气。细裛，轻微地滋润着。"裛"通"浥"，为香气染衣之意。玉澜堂内匾"复殿留景"，配有楹联："曙色渐分双阙下，漏声遥在百花中。"两副楹联形象地点染出玉澜堂四周的迷人景观。

【读后感】许多人都会以物自比、自励，如松、石、竹、梅，甚至小溪、小草、泥土，这也是一种文化传承。

　　上图拍摄自北京颐和园。悬挂于园内夕佳楼外檐。万字锦地嵌寿字描金边，匾心匾文为描金楷书，钤红漆描金篆书"光绪御笔之宝"印。

　　下图拍摄自陕西临潼华清宫。悬挂于华清宫夕佳楼。于右任书。华清宫夕佳楼耸立于华清温泉古源之上，修建于清朝末年，被称为"华清池上夕佳楼"。于右任书"夕佳楼"原为砖额，由十二块方砖组合而成，保存完整，属国家三级文物。本文图匾应为后人仿于右任字新制。

夕佳楼，观赏夕阳佳景之楼。其名取自陶渊明《饮酒》诗中"山气日夕佳，飞鸟相与还"句。

国内有多处夕佳楼。南京总统府煦园有夕佳楼，三面临水，建于1751年。兰州市中山西园原有夕佳楼，前有潭水，清道光年间修建。

【读后感】夕阳情结以"夕佳"为佳，若悲于"只是近黄昏"，便与快乐绝缘了。

# 官第衙署匾额

衙署，指中国古代官吏办理公务的处所。《周礼》称官府，汉代称官寺，唐代以后称衙署、公署、公廨、衙门。

衙署建筑是国家政权的象征，是衙署功能的物质承载体，其建筑规模视等第而定。衙署建筑采用庭院式布局，贯穿"中"的观念，处理政务的大堂、二堂和居家的内宅三堂均建于平面布局的中轴线上。

衙门之内置有大门、仪门、寅恭门、内宅门。这些门户分割空间，划分功能，给人以建筑空间的序列感和等级森严的权威感。

衙署匾额结合衙门建筑的布局和主题功能而设，按朝廷规定悬挂，有的为他人题赠，有的是主政者自题，折射出古代政治的标高，表明衙署主政者的官德、官风、心迹、政愿。

衙署门额一般直署"×××（署）"，仪门明间直署"仪门"。大堂、二堂、三堂匾额有的直署"××堂"，有的由主政者另题以显修养。如表示为皇帝牧民治理的"牧爱堂""平政堂";表示爱民如子的"体仁堂""亲民堂";或引经据典为堂名,如《论语·里仁》有"夫子之道,忠恕而已"句,衙门大堂遂命名为"忠恕堂"。

衙门匾额将主政者的某些"承诺"公之于众,形成监督环境,并于潜移默化之中教化于民,是古代官风官德建设的一种形式。

拍摄自河南开封。旧时开封府府门门额。宋代书法家蔡襄手书。

开封府，又称南衙，初建于五代后梁开平元年（907）。北宋时为京都行政、司法衙署，被誉为天下首府，曾有过一百六十余年的辉煌。宋太宗、宋真宗、宋钦宗登基前曾担任开封府尹，寇准、范仲淹、包拯、欧阳修、苏颂、曾公亮、苏轼、司马光、沈括等名臣亦曾在此任职，他们执法严明，清正廉洁，形成了"公生明"，"清慎勤"，除暴安良，造福一方的开封府衙文化，使开封府成为名垂青史的中国古代官衙。

开封，古称大梁、汴京。春秋时期，郑庄公派人在此筑"仓城"，定名启封。汉代为避景帝刘启讳，改"启"为"开"，开封由此得名。

黄河洪水泛滥，原开封府衙署被埋于地下。现存开封府衙署为2002年以宋代开封府为原型重建。府门为双层飞檐城楼，威武庄严。府门上七十二枚门钉，是仅次于皇宫宫门的建筑规格。

【读后感】历代都有贪官污吏，历代都有"开封府"。愿"公生明"多多益善。

拍摄自河南开封。开封府衙署仪门门额。

仪门，旧时官衙、府第具有"威仪"点缀的门，是大门内的第二重正门。《江宁府志·建置·官署》："其制大门之内为仪门，仪门内为莅事堂。"

仪门在古代称桓门，汉代府县治所两旁各筑一桓，后二桓之间加木为门，曰桓门。宋避钦讳，改为仪门。清末，为避宣统帝溥仪之讳，一度将仪门改为"宜门"。

仪门是主事官员举行典礼、庆贺、祭拜、迎送宾客的重要场所，也是坐轿、骑马的起止点。《明会典·礼部十七·官员礼》："新官到任之日……先至神庙祭祀毕，引至仪门前下马，具官服，从中道入。"

仪门，为"礼仪之门"，常年关闭。遇科举开考、新官到任、迎接上级官员等重大庆典活动，才开启仪门，以示隆重。仪门左右各有一偏门供人行走。其东偏门为"生门"，亦称"人门""喜门"；西偏门为"死门"，亦称"鬼门""绝门"。死门通常在提审人犯、押解死囚赴刑场时才开启。死囚必须走鬼门。

开封府仪门楹联："忠心昭日月力革弊端上书北阙，正义满乾坤严惩邪恶施法南衙。"仪门内，是被放大百倍的九叠篆文的开封府大印。

【读后感】幸运之地，倒霉之地，地还是那个地，只是烙上了人的印记。

拍摄自浙江宁波慈城。旧时慈溪县县衙匾额，悬挂于慈城古县城县衙。

慈溪县境内在新石器时代已有先民活动。唐开元二十六年（738）始称慈溪县，县治在今慈城。慈溪古县衙为第一任知县、房玄龄之孙房琯所建。因外敌入侵和自然灾害，县衙屡建屡毁。现存县衙是按清光绪年间《慈溪县志》所录详图于2002年重建。

慈溪县因治南有溪、东汉董黯"母慈子孝"而得名。据晋代虞预《会稽典录》、唐代明州刺史崔殷为董孝子修庙所撰碑文、宋代《四明图经》、光绪年间《慈溪县志》等文献记载：董黯，东汉时期著名孝子，董仲舒六世孙。幼年丧父，事母至孝。

母疾，思饮故里之水。董黯来回二十余华里到大隐溪上游永昌潭担水奉母。后于永昌潭旁筑一陋室，汲水供母，母病得以好转。"由是以慈名溪，以董孝名乡。"大隐溪由此被叫作慈溪，后人又用慈溪命名县名。

【读后感】近代有中山市、子丹县、开慧乡等，这是为道德高尚的人树碑立传的一种形式，意在传承光大。

游击将军府

拍摄自甘肃嘉峪关。嘉峪关关城游击将军府门额。

游击，武职官名，游击将军的简称。始于汉，自唐至清，沿用为武官的官阶。明朝边塞与要地驻军的游击，从三品，位在参将之下。

嘉峪关游击将军府，也称游击衙门，初建于明隆庆年间，后成为明清两代镇守嘉峪关的游击将军处理军机政务的场所。现存建筑为1987年在原建筑的基础上恢复修建，两院三厅四合院式。

游击将军府府门楹联是："百营杀气风云阵；九地藏机虎豹韬。"议事厅门匾是"神威永护"，门联为："金鼓动地战旗猎猎映大漠；铁垒悬月轻骑得得出长城。"

游击将军府是嘉峪关长城防御体系的指挥中心。自明正德十一年（1516）肃州人芮宁担任嘉峪关游击将军，到清光绪八年（1882）的三百六十多年间，共有十八位官员在此任游击将军。他们远离故土，用生命和热血守护着雄关。

【读后感】凡瞻仰嘉峪关者，在慨叹雄关巍峨的同时，均应祭奠曾经洒热血守边疆的每一个英魂，从中汲取精气，荡涤自己渐渐世俗的心灵。

# 城池关隘匾额

　　城池，旧时指都市四围的城墙和护城河，以资防守。《礼记·礼运》："城郭沟池以为固。"城池又泛指城邑。古人讲究"天圆地方"，城池的形状大都为方形，坐北朝南。依城池的等级不同，规模不同，其城门数量也不同，通常县城开四门，府城或有八门。每座城门的正中央一般建有城楼。圈绕城门外的一道城墙为瓮城，又称"月城"，平时是城内外的交通要道，战时是城防部队坚守的重点。

　　关隘，险要的关口。山川之间遍布着成百上千个大大小小的关隘。《南齐书·萧景先传》："惠朗依山筑城，断塞关隘。"一座长城就有百余关隘，如山海关、居庸关、雁门关、阳关、玉门关等。有些地方虽以"口"称谓，如张家口、杀虎口等，实际上也是关隘。关隘有两种功用：战争时期是难以逾越的关卡，和平时期是关内外人们贸易、交流的通道。

　　千百年来，城池与关隘被赋予了浓郁的人文色彩，许多诗词歌赋、历史掌故、英雄传奇、民间故事都与之有密切的关联。其名称的由来也蕴含着古人博大的智慧与深厚的文化，记载着一段段可歌可泣的历史。有的因传说而名，有的因形象而名，有的依所在地而名，有的根据方位命名，有的蕴含着宣传教化的寓意，有的是为祈求福祉，有的刻上了纪念的烙印，还有的则被赋予了守卫将士的壮烈气概和英勇精神。

城池关隘匾额便是这些名称的载体。它们高悬在城门关口，向世人宣示领地的主权与守卫者的决心，历经千百年的风雨洗礼巍然挺立。

拍摄自云南大理。大理古城南城门门额。郭沫若1961年书。

大理古城坐落在苍山洱海之间，曾是古代南诏国和大理国的都城。司马迁在《史记》中称洱海一带为"叶榆"，洱海为"叶榆泽"。779年，南诏王异牟寻迁都羊苴咩城（即今大理古城）。后晋天福二年（937），段思平建国，定都羊苴咩城。他"更易制度，损除苛令"，取国号为"大理"。"理"与"治"同义，"大理"即"大治"。从此，"大理"一词成为以洱海为中心的白族地区的专有地名。大理古城亦被称为叶榆，又称紫城。

南宋宝祐元年（1253），即蒙古宪宗三年，忽必烈"革囊渡江"征云南，灭大理国，大理古城毁于兵燹。明洪武十五年（1382），明军攻占大理，筑新府城。

现存大理古城是以明朝初年的羊苴咩城为基础恢复修建的。古城东西南北各有一城门，分别称作通海、苍山、承恩、安远。

南城门为古城四门之首，城楼称双鹤楼、承恩楼，始建于明洪武十五年（1382），为古城最古老雄伟的建筑，是大理古城的象征和标志。

【读后感】一部地方史，饱浸着无数血与泪，是壮烈的生命史。

拍摄自甘肃嘉峪关。嘉峪关关城罗城门额。砖额。

嘉峪关，其名源于嘉峪山麓余脉嘉峪塬。"嘉峪"意为"美好的山谷"。宋元以前，嘉峪地区有关无城，只起稽查来往行人的作用。明洪武五年（1372），嘉峪关关城始建，时为一黄土夯城，周长二百二十丈，高两丈，宽一丈。此后，嘉峪关因"三面临戎，势甚孤悬"，在与敌对峙、攻守之中，断断续续增筑修补，至1540年，形成五里一燧，十里一墩，三十里一堡，百里一城的防御体系。

现存嘉峪关关城平面呈梯形，由内城、外城、罗城、瓮城、城壕和南北两翼长城组成。内城是关城的主体和中心。内城东西二门外都有瓮城回护。西瓮城西面筑有罗城。罗城是应敌的正面，"凸"字形城墙全部用砖包砌，非常坚固。罗城城墙正中面西设关门，通往关外，门楣上题额"嘉峪关"。

【读后感】荒无人烟地，也是国土。守土有责，一座座关隘是一代代无名英魂保家卫国的丰碑。

65

拍摄自甘肃嘉峪关。"天下雄关"额悬挂于关城东闸门。李廷臣书。

嘉峪关关城是现存长城最大的关隘，也是中国规模最大的关隘。它东窄西宽，由内城、瓮城、罗城、城壕，以及三座三檐歇山顶式的高台楼阁、长城烽台等组成，形成多道防线，城内有城，城外有壕。

嘉峪关关城扼守南北宽约15公里的峡谷地带，北连黑山悬壁长城，南接天下第一墩，南部讨赖河谷构成关防的天然屏障，附近烽燧，城壕，六十六座墩台，南、北、东长城，依地势梯次分布，纵横交错，构成了严密的军事防御体系，历史上曾被称为河西咽喉、连陲锁钥。

嘉峪关是明长城最西端的关隘口。清同治末年左宗棠驻节肃州，曾修整关墙和关楼，并亲笔题"天下第一雄关"匾额。被贬新疆伊犁的林则徐途经嘉峪关，赋《出嘉峪关感赋》诗四首，认为"长城饮马寒宵月，古戍盘雕大漠风。除是卢龙山海险，东南谁比此关雄"，把嘉峪关与山海关称为并肩天下的雄伟关隘。

"天下雄关"匾额平底阳刻，上款：嘉庆十四年孟春肃州镇总兵李廷臣书；下款：嘉峪关巡检管裘游击熊敏谦千总柯芳马兴信刊立。

【读后感】雄关之"雄"在于它的攻防不倒，而不在于规模的宏伟。

拍摄自北京八达岭。八达岭关城门额。

八达岭关城建于明弘治十八年（1505），嘉靖、万历年间曾加以修葺。关城有东西二门，东门额题"居庸外镇"，刻于嘉靖十八年（1539）；西门额题"北门锁钥"，刻于万历十年（1582）。

八达岭位于军都山主峰，海拔1000多米，地势险要，历来是兵家必争之地，自古有"居庸之险不在关，而在八达岭"之说。八达岭长城依山势而筑，城墙高低宽窄不同，随山回环起伏，是京城的屏障。

北宋时，真宗罢相主战的寇准，任其为知天雄军，镇守大名府，防御辽兵南下。辽国使节拜见寇准，有意挑拨："相公望重，何故不在中书？"（《大名县志》）寇准凛然答曰："主上以朝廷无事，北门锁钥非准不可耳。"（《宋史·寇准传》）并撰写一联："东郡股肱今右辅，北门锁钥古天雄。"悬挂于军衙。辽国闻知此事，不敢轻举妄动。从此，"北门锁钥"便成为北方战略重地的代名词。八达岭关城悬此额，借用寇准御辽故事，意谓此处是京城北方重要关隘。

【读后感】心怀天下者，重名节轻官位。名节其实也是一个人的"北门锁钥"。

拍摄自江西庐山。庐山吴障岭关帝古庙山门门额。

清康熙《庐山志》载："吴障者，吴所保障也。"吴障岭位于庐山北山公路南侧6公里处。岭南为星子县（今庐山市）域，岭北为庐山区域。山巅古有官亭，山间有驿道，为洪都（南昌）至江州（九江）官道，亦称一线天古道。李白曾有"知登吴障岭，几与死与分"诗句。

吴障岭有上关口、下关口。上关口双亭并立，旱桥相连，桥下孔道即为连接吴楚两地的古道，宽3米，盘桓曲折，形势险要，传为伍子胥闯关之处。关帝古庙在上关口旁，始建于春秋时期，原为天王观，后为子胥祠。今庙重建于1929年，殿中祀奉关帝圣君及周仓、关平塑像。关帝庙门前树一石碑，记载着吴障岭伍子胥过关，朱元璋与陈友谅鄱阳湖大战的历史故事。

庐山吴障岭以北属楚国，以南属吴国，素有"吴头楚尾"之说。《辞源》："今江西省北部，春秋时为吴楚两国接界之地，因称吴头楚尾，也称楚尾吴头。"

其实，吴楚分界范围很大。江西婺源浙岭有石刻"吴楚分源"，说是春秋所立，号称"吴楚锁钥无双地，徽饶古道第一

关"。安徽含山县北有昭关，亦称吴楚分界处，是楚人伍子胥避
难逃亡吴国之地。

【读后感】某人逃亡出关，不会一时一地一次成功。

# 寺庙宗祠匾额

寺院是中国佛教标志性的建筑。庙宇是供奉神佛或历史名人的处所，一指祠庙；二指寺庙。主尊供奉佛菩萨的为寺，主尊供奉鬼神的为庙。宗祠即祠堂，是汉民族供奉祖先和祭祀的场所。宗祠文化是源远流长的姓氏宗族文化。

凡寺院、庙宇、宗祠都有名称，都有寺额、庙额、祠额。一般而言，寺院庙宇的命名，有的是自己题额，有的是帝王敕赐，有的以出资建造寺院庙宇的官员、居士或信徒命名，有的则是民间长期使用约定俗成的俗名。或以佛经句义和佛法禅理来命名，常用的有普、法、相、惠、妙、觉、定、宝、净、明、慈、智、慧等字；或以祈福帝王保佑国运等吉祥之词来命名，多用圣、天、报、保、恩、福、国、庆、寿、兴、安、宁、祥等字；也有以所在山川地理名称命名，如奉化雪窦寺因雪窦山得名；以皇帝年号命名，如开元寺；以传说典故或开山祖师语言命名，如普陀山"不肯去观音院"；以镇寺之宝命名，如新昌大佛寺；以佛、菩萨名号命名，如释迦院、弥陀寺、观音院、罗汉寺等。

宗祠匾额有以姓氏命名，以功名命名如"状元第""进士第""翰林第"，以名望旌表命名如"恩荣""恩赐"，以祖先名号命名，以代表本宗的堂号命名如"四知堂""叙伦堂"，等等。

寺院、庙宇、宗祠虽带有封建迷信色彩，但其匾额除标识外还具有祈福纳祥、消灾解厄、祈求平安、教忠教孝、劝导忍让和善等功能，于今仍有一定劝诫作用。

拍摄自山东曲阜孔庙。孔庙大成殿殿额。清雍正帝御书。蓝底金字龙匾。

孔庙是古代祭祀孔子的礼制性庙宇。大成殿为孔庙的主体建筑，正中供奉孔子，两旁为四圣和十二哲的塑像。

大成殿，得名于《孟子》"孔子之谓集大成"。古乐一变为一成，九变而乐终，至九变完毕，称为大成。引申指集前人主张、学说形成完整体系。"大成"又是古代帝王追尊谥封孔子为"大成至圣先师文宣王"的前两个字。

曲阜孔庙大成殿在唐代时称文宣王殿。宋天禧五年（1021）大修。宋崇宁三年（1104）徽宗赵佶下诏更名为"大成殿"，并御题飞白体殿名。清雍正二年（1724）按皇宫规格重建大成殿，置九脊重檐，黄瓦覆顶，雕梁画栋，八斗藻井饰以金龙和玺彩画。雍正帝御书"大成殿"匾额，悬于殿堂。

曲阜孔庙大成殿殿宇宏大，装饰华丽，为全国孔庙之冠。特别是殿前十根浮雕龙柱，每柱两条龙在翔云、山石、波涛之间上下盘旋升腾，栩栩如生，为罕见的石刻艺术珍品。

【读后感】学说贯通古今，可治国、治家、治人，是世人尊奉孔子之所在。

拍摄自山东曲阜孔庙。为孔庙坊额。明嘉靖十七年（1538）胡缵宗书。

"金声玉振"四字出自《孟子·万章下》："伯夷，圣之清者也；伊尹，圣之任者也；柳下惠，圣之和者也；孔子，圣之时者也。孔子之谓集大成。集大成也者，金声而玉振之也。金声也者，始条理也，玉振之也者，终条理也。始条理者，智之事也，终条理者，圣之事也。"伯夷、伊尹、柳下惠是圣人中各有特点的人，而孔子是集各位圣人优点的大成者。

"金声"原指我国古代乐器钟发出的声音；"玉振"指我国古代乐器磬发出的声音。古代奏乐以击钟为始，击磬为终。"金声""玉振"表示奏乐的全过程。孟子以此为喻，谓孔子思想集古圣先贤之大成，赞颂孔子对思想、文化的巨大贡献和深远影响。

各地文庙有大有小，但建筑规制都要求悬挂金声玉振匾，有的将"金声玉振"写在棂星门上。曲阜孔庙有单独的"金声玉振"石坊，位于孔庙棂星门前。

胡缵宗，甘肃天水人，曾官山东、河南巡抚。

【读后感】题额，是借前贤之势，留名传世之捷径。

上图拍摄自西安大慈恩寺，下图拍摄自陕西宝鸡扶风法门寺。

大雄宝殿，供奉释迦牟尼的宝殿。大者，包含万有；雄者，摄伏群魔。"大雄"，佛的德号，佛弟子尊称释迦牟尼为大雄，意指释迦牟尼佛具足圆觉智慧与大力，能降伏群魔，雄镇大千世界。宝殿的"宝"，指佛、法、僧三宝。

在佛教寺院中，大雄宝殿为正殿，是整座寺院的核心建筑。大雄宝殿的像设一般是正中为主尊佛像，两侧列十八罗汉，正中佛坛背后是三大士或海岛观音像。有的大雄宝殿正中为代表中、东、西三方不同世界的三尊佛像。中间一尊是我们这个世界的释迦牟尼佛；左边是东方净琉璃世界的药师琉璃光佛，右边是西方极乐世界的阿弥陀佛。这三尊佛合起来叫"横三世佛"。也有设"竖三世佛"，正中是现代佛，即释迦牟尼佛；东边是过去的燃灯佛；西边是未来的弥勒佛。

【读后感】精神寄托人人皆有。对现实的人依仗不得，便只能找虚拟的佛了。

拍摄自福建厦门南普陀寺。为寺门额，黑底金字。吴铁珊书。

据《南普陀寺志》记载，南普陀寺始建于唐末五代，初称泗洲院。北宋高僧文翠改建称无尽岩。明代初年，断臂和尚觉光扩建寺宇，更名为普照寺。清初，寺毁于兵乱。清康熙二十二年（1683），施琅平定台湾后回镇厦门，因感念观世音菩萨的灵验，捐资重建普照寺院宇，增建大悲阁，主祀观世音菩萨。因与浙江普陀山"观音道场"相同且地处舟山之南，遂更名为南普陀寺，沿用至今。

寺院中轴线分别是天王殿、大雄宝殿、大悲殿、藏经阁，多为木构建筑，重叠飞檐，雕梁画栋，造型优美，为典型的闽南佛殿。

寺院藏经阁后有摩崖石刻多处，多为历代历朝的名人雅句，为这座千年古刹添光增彩。

吴铁珊，天津人，晚清书法家。

【读后感】建筑风格各异，向善向佛相同。人间同乐、同苦、同追求。

　　拍摄自北京雍和宫。雍和宫正殿匾额。清乾隆帝御书。蓝底金字，满汉藏蒙四体文九龙匾，钤"乾隆御笔之宝"印。

　　"雍和"，融洽、和睦。雍者，和也。汉王充《论衡·艺增》："欲言尧之德大，所化者众，诸夏夷狄莫不雍和，故曰万国。"《后汉书·魏霸传》："霸少丧亲，兄弟同居，州里慕其雍和。"雍和宫之"雍和"，意在天下一统，以和为贵，融洽万邦。

　　雍和宫，前后跨越康熙、雍正、乾隆三朝，历经王府、行宫、庙宇三个时期。初为雍亲王府。雍正帝登基后于雍正三年（1725）将雍亲王府改为行宫，正式赐名"雍和宫"。乾隆九年（1744），为纪念雍正帝，乾隆帝又将雍和宫改为藏传佛教寺院，使之成为清政府掌管全国藏传佛教事务的中心。

雍和宫建筑群由天王殿、大殿（大雄宝殿）、永佑殿、法轮殿、万福阁等五进宏伟大殿组成，另有东西配殿、"四学殿"（讲经殿、密宗殿、数学殿、药师殿）。整个建筑布局从南向北渐次缩小，而殿宇则依次升高，形成"正殿高大而重院深藏"的格局，极为巍峨壮观。

【读后感】民间对祖居、出生地都十分重视，何况皇室？

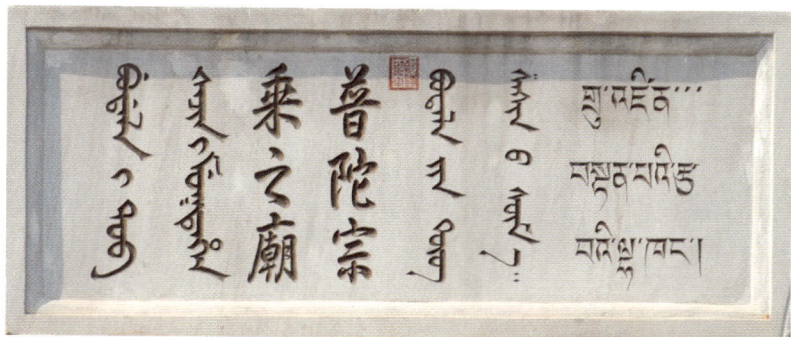

拍摄自河北承德。承德普陀宗乘之庙山门匾额。满汉蒙藏四体文横匾，正中钤"乾隆御笔"印。

普陀，梵语"补陀落迦"的音译，指观音住地。宗乘，一宗之极致，各宗的宗义和教典。普陀宗乘，观音菩萨讲经说法的道场，即"观音圣地"。

普陀宗乘之庙是乾隆帝为庆祝自己六十大寿和崇庆皇太后八十大寿，仿拉萨布达拉宫而建。始建于乾隆三十二年（1767），四年后建成，是承德"外八庙"中规模最大的庙宇，俗称小布达拉宫。

普陀宗乘之庙原有建筑六十多处，现存四十多处，以藏式建筑风格为主，依山而建，坐北朝南，共分三块区域。最前方是山门、碑亭和五塔门；中间区域为琉璃牌坊、白台和僧房等；后方是主体建筑大红台和其他建筑。大红台高43米，共七层，台中间的万法归一殿为主殿，其屋顶用鎏金鱼鳞铜瓦覆盖，所用金叶多达一万四千多两。殿内供奉六个佛像，象征乾隆帝六十大寿。

红台顶部周边有八十个小佛像，象征乾隆母亲八十大寿。台基有一百零八个台阶。佛教记载，世有一百零八种苦难，每登上一个台阶，可减少一种苦难。

【读后感】一诗，一文，一发明，一座宏伟建筑，都可以是传世之作。

拍摄自福建武夷山天心永乐禅寺。上图为山门门额，下图为寺门门额。

天心永乐禅寺坐落于武夷山天心岩，始建于唐代。扣冰古佛于唐乾符六年（879）在此结茅修证。因其居山之中心区域，初名山心庵，后易名为"天心"。

据武夷山佛教网记载，宋淳熙年间，朱熹曾在山中问禅于临济大慧禅师，赋诗《天心问禅》："年来更惑青苔路，欲叩天心日不撑。几度名山云作客，半墙禅院水为僧。漱流枕石心无语，听月煮书影自横。不待钟声驾鹤去，犹留夜籁传晓风。"明永乐十六年（1418），建安举子雷镒进京赶考，患鼓胀之症，后饮天心寺寺僧赠与的寺院自种岩茶，愈。雷镒高中二甲后，遇皇后腹胀，遂荐天心岩茶治愈，龙颜大悦，敕赐该茶树为茶中状元"大红袍"，并敕天心寺为"天心永乐禅寺"，遣雷镒回山，大兴土木，兴建寺庙，此后香火大盛。

【读后感】以"天心岩"与"永乐帝"解释"天心永乐"寺名，有案可稽乎？

拍摄自苏州吴中光福永慧禅寺。为寺门额。

《光福志》卷八记载：石壁，"在蟠螭山巅，洼然是虚，方三亩许，四壁如削，高五六寻"。

精舍，多义词。佛教僧人或居士修行的处所，如竹林精舍、祇园精舍；佛教寺院的别称，如唐韦应物《经少林精舍，寄都邑亲友》诗题中的"少林精舍"，即嵩山少林寺；儒家讲学的学社、学舍、书斋，如南宋朱熹的寒泉精舍、武夷精舍、竹林精舍；指心，《管子》注曰："心者，精之所舍。"

石壁精舍，指石壁寺（永慧禅寺），因寺庙背靠一块百仞石壁而得名，创建于明嘉靖年间。隆庆三年（1569）僧憨山大师结庐于此，渐有声名。现属净土宗所辖。

石壁精舍后院，山岩峭壁陡直，似刀削的石壁上，有二十余方摩崖石刻，含行、隶、草、楷、篆各体，为李根源、章太炎、顾文彬等名人题刻，皆言志、纪游、怀古之作。

【读后感】石壁窝（永慧禅寺俗称）中的有些题刻为"到此一游"之作。北京八达岭长城台阶有诸多类似题刻，皆平民之作。倘若题刻者日后荣登"龙廷"，或可挖掘、保护、传世。

漢昭烈廟

拍摄自四川成都。汉昭烈庙庙额。汉，刘备政权的国号，史称"蜀汉"。昭烈，刘备谥号。汉昭烈庙即祭祀刘备的庙宇。

汉昭烈庙与武侯祠君臣合庙。武侯祠主体建筑分大门、二门、刘备殿、过厅、诸葛亮殿，严格排列在从南到北的一条中轴线上。刘备殿即汉昭烈庙。民国年间，邹鲁诗曰："门额大书昭烈庙，世人都道武侯祠。由来名位输勋业，丞相功高百代思。"意思是，诸葛亮在百姓心中的威望超过刘备，人们就不顾君尊臣卑的礼仪了。其实，汉昭烈庙始建于章武三年，年代要早于武侯祠。

二门门柱另有对联一副："唯德与贤，可以服人，三顾频烦天下计；如鱼得水，昭兹来许，一体君臣祭祀同。"说只有德才兼备者才能使人信服，刘备得诸葛亮辅佐，如鱼得水，这样的君臣关系成为千古典范，昭示后人，上下一堂享受祭祀。此联为清代中后期当过总督、尚书、军机大臣、大学士的蒋攸铦所题。

【读后感】无人去为汉昭烈庙打抱不平。功高不在职位，自有历史评述。

# 园林宅院匾额

园林以历史区分有古典园林与现代园林之别。以地域区分有中国园林与西方园林之别。古典园林又可区分为皇家园林、私家园林、寺观园林、风景园林。西方古典园林有规则式园林与自然风景园。现代园林也有风景名胜公园、综合性公园、纪念性公园、植物园、动物园、儿童公园、城区与居住小区公园等。

园林匾额在标识建筑的名称和性质的同时，以优美的文辞点明四周景色，表达园主志趣，蕴含人文逸事，从而丰富了园林建筑的意境。

园林匾额的命名除用"园"字之外，还有山庄、居、村、楼、林、亭、池、小筑、精舍，等等。如沧浪亭、狮子林、环秀山庄、艺圃、醉白池、鼋头渚、画中游、濠濮间、画舫斋。

园林内的建筑匾额或以建筑物的形状命名，如八角亭、笠亭、石屋洞、扇亭、梅花阁、鸳鸯厅、玉带桥等；或以建筑物所用材料命名，如楠木厅、石舫、琉璃阁等；或以建筑物所在地的特征景物命名，如冠云楼因冠云峰得名、天泉亭因古井"天泉"得名；或以建筑物主人的志趣命名，如醉翁亭、拜石轩、燕誉堂、景福阁等；或以建筑物相关的宗教传说命名，如黄鹤楼、白鹿洞、文殊台、佛香阁等；或以典故命名，如三顾堂、放鹤亭、胜棋亭、立雪堂等；或以诗文名句命名，如面水轩、待霜亭、翠玲珑、留听阁、濠濮间、夕佳楼等；或以游览者的赏景感受命名，如见山楼、观瀑亭、四照阁，听雨轩、潮音洞、远香堂、印心石屋、隔竹幽居、岁寒草庐、看松读画轩、与谁同坐轩，等等。

拍摄自江西南昌滕王阁。此额悬于滕王阁正阁顶檐下。蓝底金字龙边。苏东坡书。

滕王阁始建于唐永徽四年（653）。贞观年间，唐高祖李渊之子，唐太宗李世民之弟李元婴被封于山东滕州为滕王，筑滕王阁。后李元婴调任洪洲（今南昌），因思念故地滕州，于洪洲又筑滕王阁。初唐诗人王勃作《滕王阁序》后，南昌滕王阁闻名于世，被誉为中国四大名楼之一。

滕王阁在古代被视为吉祥风水建筑。古谣："藤断葫芦剪，塔圮豫章残。"古代习俗，人口聚居之地需要风水建筑，以集天地之灵气，受日月之精华。滕王阁坐落于赣水之滨，被誉为"水笔"，故民间有"求财去万寿宫，求福去滕王阁"之俗语。

滕王阁屡废屡建，达二十九次之多。现存建筑为1989年（己巳）重建。"滕王阁"三字，历次重建皆沿用苏轼所书。苏轼为四川眉山人，故"滕王阁"额钤"眉山之印"。

【读后感】诗文名篇让滕王阁、岳阳楼、寒山寺扬名千年，实为相得益彰。

拍摄自苏州拙政园。拙政园东部新大门门额。砖刻，隶书贴金。

拙政园，是中国园林的杰出代表，江南私家花园典范，被誉为"天下园林之母"，与北京颐和园、承德避暑山庄、苏州留园并称中国四大名园。

此处三国时有陆绩宅第，唐末有陆龟蒙宅，北宋时有胡稷言的五柳堂，元有大弘寺、东斋、张士诚驸马潘元绍府第。明正德四年（1509），御史王献臣罢官还乡，于此拓建，历时二十年，园成，取晋朝《闲居赋》"筑室种树，逍遥自得……灌园鬻蔬，以供朝夕之膳……此亦拙者之为政也"意，名"拙政园"。

拙政，文人多用以自谦，有在自家宅园为政之意。唐白居易《卧小斋》诗："拙政自多暇，幽情谁与同？"宋陆游《戊申严州劝农文》："虽诚心未格于丰穰，然拙政每存于抚字。"清钱谦益《次韵答杨补见赠》之一："休日谅未晚，拙政亦吾以。"

王献臣卒后，其子一夜豪赌，将拙政园输给了徐佳（少泉）。后徐氏子孙衰落，园渐荒废。之后几易其主，几经沧桑，曾为明

王心一的"归园田居"，清驻防将军府、兵备道行馆，吴三桂婿
王永宁宅院，苏松常道新署，"复园"，忠王府，八旗奉直会馆，
"补园"，等等。

【读后感】兴废数度，园如是，人如是。

拍摄自苏州拙政园。拙政园西花园扇亭亭额。扇形匾，隶书，黑底白字。材质杉木。款署："凤生姚孟起。"姚孟起，字凤生，吴县人，贡生。清末书家。

"与谁同坐"，取自宋苏轼《点绛唇·闲倚胡床》词："闲倚胡床，庾公楼外峰千朵，与谁同坐？明月清风我。 别乘一来，有唱应须和。还知么，自从添个，风月平分破。"

与谁同坐轩系清末吴县富商张履谦为纪念祖先制扇起家而修建。其亭背衬葱翠小山，前临碧波清池，坐西北朝东南，顶为歇山结合庑殿形式，屋面、轩门、窗洞、石桌、石凳及轩顶、灯罩、墙上匾额、鹅颈椅、半栏均成扇面状，小巧精雅。两侧两个扇形空窗，一侧将"倒影楼"作框景，另一侧对着"三十六鸳鸯馆"，北面扇形空窗正对笠亭，东南面池，完全敞开，隔着水面与月洞门互相呼应。人在轩中，前后左右美景不断，荡涤尘心之感油然而生。

"与谁同坐"？题额者把答案藏匿起来，耐人寻味。

【读后感】与谁同行？与谁同心？都会影响生命的轨迹与价值走向。

拍摄自苏州拙政园。拙政园兰雪堂额，款署："朱彝尊书。"银杏木，清水底黑字（撒煤屑）。

兰雪堂位于拙政园东花园，南北两面朝向。面阔三间。为20世纪50年代末按归田园居堂构名复建。明崇祯四年（1631），刑部侍郎王心一购得拙政园东部荒地十余亩，悉心经营，建成归田园居，中有秫香楼、芙蓉榭、兰雪堂等诸胜数十处，荷池广四五亩，园中多奇峰。至清道光年间，王氏子孙后裔尚居其地，但已渐荒芜，大部变为菜畦草地。

堂名"兰雪堂"，取自唐代诗人李白《别鲁颂》"独立天地间，清风洒兰雪"诗意。鲁仲连，战国齐人，曾以利害说服魏国大将新垣衍合力抗秦，终于击退秦军。他功成身退，不受官，不受赏。李白赞颂他犹如兰之幽香、雪之洁白，在清风沐浴中独立于天地之间。园主借此典故，寓自己超凡脱俗之志。

【读后感】有功不居功，有禄不受禄，独立于世，自在如斯，可矣。

拍摄自苏州留园。留园过厅（或称敞厅、穿堂厅）匾额。额下题识："苏州富庶天下，金阊门外尤称繁盛。庚申变起，环数十里高台广厦尽为煨烬，惟刘氏一园岿然独存，天若留此名胜之地为中兴润气也。顾十数年来，水石依然，而亭榭倾圮。吾友盛旭人方伯僦寓吴门，慨园之将废也，出资购得之，缮修加筑，焕然一新，比昔盛时更增雄丽，卓然遂为吴下名园之冠。工既竣，方伯谓园久以刘氏著称，今拟仍其音而易其义，仿随园之例，即以留园名，属为书额，因并纪其缘起。时光绪丙子秋八月。归安吴云识。"吴云（1811—1883），安徽休宁人，曾任苏州知府。

留园为中国大型古典私家园林，始建于明万历二十一年（1593），为徐泰时的"东园"。清乾隆五十九年（1794），园为刘恕所得，在东园故址改建，嘉庆三年（1798）始成，因竹色清寒，更名"寒碧山庄"，俗称"刘园"。同治十二年（1873），盛康（旭人）购得园后，缮修加筑，光绪二年（1876）完工，取"刘园"音而易其字，改名"留园"。园在盛康子盛宣怀经营下，声名愈振，俞樾称其为"吴下名园之冠"。

【读后感】人一生，留下什么？每个人都应思考这一课题。

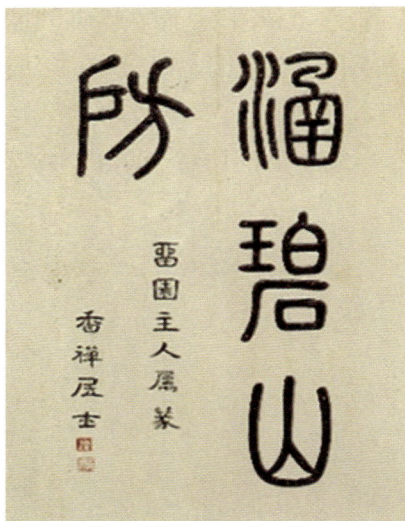

拍摄自苏州留园。留园涵碧山房额。款署："留园主人属篆，香禅居士。"

涵碧山房为留园中部主厅，清嘉庆时为"卷石山房"，同治年间称"侍云山房"，后又因建筑面池，水清如碧，宛如朱熹诗"一水方涵碧，千林已变红"意境，取名"涵碧山房"。

涵碧山房南北开敞，厅高大宽敞，面阔三间，进深五界，陈设朴素。南北各置十八扇长窗，内心仔花纹为十字海棠图案，上置横风窗。南有庭院，以粉墙为背衬，紫藤攀依，垒湖石牡丹花坛，地面用冰纹石拼砌。北有宽敞的露台，因毗邻荷花碧池，称为"荷花台"，涵碧山房也因此称作荷花厅。每当盛夏时节，池内荷花盛开，这里是赏荷的绝佳之处。

涵碧山房周围老树浓荫，风亭月榭，迤逦相属，楼台倒影，山池之美，堪称图画。"涵碧"二字不仅指池水，同时也指周围山峦林木在池中的倒影。

香禅居士，即潘锺瑞（1822—1890），字麟生，号瘦羊，晚号香禅居士，苏州世族。在诗词、书法、金石等方面著书多种，颇负文誉。

【读后感】有闲情赏花，有才情赋诗，或不为生计所困，或性情独异于人。

拍摄自苏州留园。留园五峰仙馆额。小篆。额下题识："旭人老伯大人得停云馆藏石，属书是额颜其居。"款署："壬辰夏四月，愙斋吴大澂。"

此为留园仅存三方旧匾之一。壬辰是清光绪十八年（1892），跋语中停云馆藏石指太湖石峰。吴大澂（1835—1902），江苏吴县人，清代官员。

五峰仙馆为留园主体建筑，坐北面南，前有厅山，面阔五间，进深九界，硬山顶，因立柱以楠木制作，故沿称"楠木厅"，为江南厅堂典型代表，素有"江南第一厅堂"之美誉。此馆旧址为徐氏"后乐堂"，刘氏时扩建为"传经堂"。盛氏时因得文徵明停云馆藏石，更名"五峰仙馆"。抗战时，此处曾沦为日军马棚。

馆内大厅北侧有一圆形大理石座屏，直径达1.4米，全国罕见。石面纹理色彩构成一幅天然水墨画，左上方有一天然的"朦胧月"，给人以"雨后静观山"的意境。这块大理石和冠云峰、冠云楼中的鱼化石被称为"留园三宝"。

五峰仙馆南院湖石假山颇具庐山五老峰的写意神韵，这也是五峰仙馆馆名之由来。当年，园主盛康于五峰仙馆中悠然自得，自题联语：“历宦海四朝身，且住为佳，休辜负清风明月；借他乡一廛地，因寄所托，任安排奇石名花。”表达了自己荣华半生，老年又清闲自得的酣畅之情。

【读后感】荣华沧桑。圆明园勤政殿旧址曾被鸭场占用，同辙。

拍摄自苏州留园。留园林泉耆硕之馆馆额。小篆。款署："吴县汪东。"

林泉，指山林与泉石，因其幽静远离尘俗，亦用以称退隐。耆，年高。硕，有名望。耆硕，年高而有德望的人。林泉耆硕，借指隐逸高士。林泉耆硕之馆，即年高德劭的隐士名流聚会之处。

此处为园主盛康的宴会大厅。厅内有一副对联为朱霆清所题："胜地长留，即今历劫重新，共话绉云来父老；奇峰特立，依旧干霄直上，旁罗拳石似儿孙。"表面是写留园历经朝代变化而不败，奇石屹立，实际是夸盛康老当益壮，儿孙满堂，真实地再现了当时文人之间互相作文夸赞调侃的风雅场景。

林泉耆硕之馆是留园东部主要建筑，为"鸳鸯厅"形制。南厅有匾"奇石寿太古"，北厅悬匾"林泉耆硕之馆"。馆北有平台，临浣云沼池，与冠云峰隔池相对。坐厅北望，冠云、岫云、朵云三峰，冠云亭、冠云楼尽收眼帘。

此匾为1953年维修时制。汪东（1890—1963），苏州世族，章太炎弟子，曾任中央大学文学院院长，工书画。

【读后感】人生晚晴，比晚"阴"、晚"雨"好。高朋满座，谈笑鸿儒，雅。

拍摄自苏州留园。留园濠濮亭额。行书。额下题识："林幽泉胜，禽鱼来亲，如在濠上，如临濮滨。昔人谓：会心处便自有濠濮间之想是也。"款署："癸亥新秋，老柏。"

"濠濮"源自《庄子·秋水》的两个典故。"濠"指庄子与惠子濠梁"安知鱼乐"的故事。"濮"指庄子濮水钓鱼关于龟"宁其死为留骨而贵，宁其生而曳尾涂中"的故事。这两则故事的内容后被《世说新语》糅合为"濠濮间想"，成为中国传统文化的一个重要境界，即超然世间烦恼，回到自己本然的生命之中，与山水林木鸟兽禽鱼共欢乐、同悠游的境界。

这种归情自然的境界，也成为古典园林造园的重要主题，在各地园林中屡屡提及。如苏州艺圃乳鱼桥，沧浪亭观鱼轩，无锡寄畅园知鱼槛，蠡园邀鱼轩、数鱼槛，杭州花港观鱼，上海豫园鱼乐榭，泰州乔园数鱼亭；北京北海濠濮亭；承德避暑山庄濠濮亭。在这里，既可观鱼，又可作濠濮间想。

匾中癸亥为1983年。老柏，楼浩白，苏州书家。

【读后感】与自然同乐，是境界。与人同乐，又是另一种境界。

　　拍摄自苏州留园。留园敞厅西北门楣砖额。篆书，青石镌刻。款署"伯温"，楷书。伯温，即周伯琦（1298—1369），元代书法家，翰林学士。额另有闲章四枚：左上角一方为刘恕闲章"花步"，椭圆形篆字；右下角为刘恕另一枚闲章"蓉峰鉴赏"；"伯温"二字下有印章两枚，分别是"周氏伯温""玉堂学士"。

　　此额或为刘恕所置。刘恕（1759—1816），清代留园主人，字行之，号蓉峰，又号寒碧主人、花步里人、一十二峰啸客等，性嗜花石，现留园三百八十多方书条石，绝大多数为刘氏收集。刘恕自嘉庆二年（1797）从洞庭东山移居金阊花步里之寒碧庄后，即对其修葺。"长留天地间"额，或是刘恕在修建过程中集周伯琦字所置，或为周伯琦旧作被刘恕收藏后"鉴赏"之用，似无从考证。

　　曲园老人俞樾《留园记》："泉石之胜，留以待君之登临也；花木之美，留以待君之攀玩也；亭台之幽深，留以待君之游息也。其所留多矣，岂止如唐人诗所云'但留风月伴烟萝'者乎？自此以往，穷胜事而乐清时，吾知留园之名常留于天地间矣。"

　　【读后感】长留之"长"，人类史之谓。若以宇宙观，何长之有？

　　拍摄自苏州留园。留园东部佳晴喜雨快雪之亭亭额。草书。款署：集王羲之书。此为集诗文碑帖之语成额。

　　佳晴，宋范成大诗《与周子充侍郎同宿石湖》中有"佳晴有新课，晒种催艺秫。从今不得闲，东皋草过膝"句。句中"新课"，指新的农活。

　　喜雨，即及时雨，谓久旱后得雨而喜悦。《春秋谷梁传·僖公三年》："雨云者，喜雨也。喜雨者，有志乎民者也。"宋苏轼亦曾作《喜雨亭记》。

　　快雪，王羲之《快雪时晴帖》有"快雪时晴，佳。想安善"之句。意思是：快雪过后天气放晴，佳妙。想必你可安好。《快雪时晴帖》是一封书札，其内容为作者写他在大雪初晴时的愉快心情及对亲朋的问候。清乾隆帝视此帖为稀世瑰宝，列三希堂"三希"之首。

　　此额妙合成句，用以表达四时景物，不论晴雨风雪都适宜观赏。以气象变化的主题，寓抒洒脱不拘、无往不适的人生境界。

　　【读后感】笑对一切。有此境界，人生自然从容不迫。

拍摄自苏州留园。留园至乐亭亭额。隶书。款署："鸿桢题。"

至乐亭顶为六角庑殿顶，这在江南园林中颇为罕见，系仿天平山范祠御碑亭略变形而成，1953年后重建。旧时亭外皆植果树。《浮生六记·卷六·养生记道》："昔王右军曰：吾笃嗜种果，此中有至乐存焉。"园主袭此意，取名"至乐"。

至乐，《庄子·外篇·至乐》篇名，亦是该文中心议题。篇首设问："天下有至乐无有哉？"庄子分析："夫天下之所尊者，富贵寿善也；所乐者，身安、厚味、美服、好色、音声也；所下者，贫贱夭恶也；所苦者，身不得安逸，口不得厚味，形不得美服，目不得好色，耳不得音声。"庄子认为，以上种种看法"其为形也亦愚哉"。因为，"夫富者，苦身疾作，多积财而不得尽用，其为形也亦外矣。夫贵者，夜以继日，思虑善否，其为形也亦疏矣"。庄子的结论是："至乐无乐，至誉无誉。"

至乐亭取"至乐"这种思想意境，旨在于自然的洗礼中摆脱物役，静心淡泊，保持本我，不被异化。

【读后感】感官之乐，易与人比，遂成为痛苦之根源。我心我乐，为真乐。

拍摄自苏州留园。留园亦不二亭亭额。篆书。

"不二"一词乃佛教用语，意谓无彼此之别。《佛学大辞典》："一实之理，如如平等，而无彼此之别，谓之不二。"这里的"二"，指二元对立。一般的逻辑、思维，都建立在二元对立的基础上，思"大"时会有"小"的潜意识；思"存在"时会有"不存在"的潜意识……所有的东西，皆因其对立面而存在。若对立面失去意义，它也就失去了意义。如，时间(的长短)、空间(的大小)，都只有在它们有比较对象时才具有意义。

不二，指超越二元对立。所有的二元对立消失后，一切规则的束缚都失去了作用；一切的参照、对立都失效了。从佛教哲学观来看，"不二"即是"非此非彼又即此即彼"，万事万物归根到底都是平等的，没有彼此的区别，万殊一本、一多不二，因而"众生平等""自他平等""心佛平等"等。这是佛教认知世界万事万物的方法与观念，演绎阐述的是世间万物本质与表象的关系。

【读后感】认知"二"与"不二"，是认识客观世界由浅入深的轨迹。

　　拍摄自苏州天平山庄。天平山庄高义园正殿殿额。金字盘龙金匾，钤"乾隆御笔"印。材质：杉木。正楷。匾边五龙相绊，故名"五龙绊匾"。现为复制品，原件收藏于苏州园林博物馆。

　　高义，高风义行。范仲淹在苏州购买义田、置办义庄、开设义学，以养济族人；将俸禄五百斛麦子周济"三丧未葬，二女未适"的老友石曼卿。乾隆十六年（1751），乾隆帝南巡，初游天平山，听闻范仲淹"先忧后乐"的高尚品德和义举后，遂取杜甫《奉和严中丞西城晚眺十韵》诗"辞第输高义，观图忆古人"之意，御书"高义园"三字以示褒彰。后乾隆帝又三次游天平，每次都有题诗。他在《题高义园》诗序中解释道："天平山之下，范文正之祠在焉。其旁有园一区，子孙世守其业。行跸偶临，因名之曰'高义'而赐以诗。"

　　高义园是天平山庄主要建筑，依山而建，前后五进，纵深约70米。

　　【读后感】倡导向善，践行向善，让高风义行蔚然成公序良俗，任重道远。

拍摄自云南昆明大观公园。园内大观楼额。

大观楼，位于滇池之滨，与苍翠起伏的太华山隔水相望。登楼观赏，碧波浩渺，青山环绕，景色辽阔，盛大壮观，所谓"海天纵览观其大"，由此得名"大观"。

大观公园，因其近太华，古称近华浦。清康熙二十九年（1690），巡抚王继文等人见这里"远浦遥岑，风帆烟树，擅湖山之胜"，于是大兴土木，相继建大观楼、华严阁等景点，成为昆明的胜地。时大观楼为两层建筑，王继文题有"大观楼"匾额和一副楹联："天镜平涵，快千顷碧中，浅浅深深，画图得农桑景象；云屏常峙，看万峰青处，浓浓淡淡，回环此楼阁规模。"

大观楼与华严阁后毁于兵燹。同治三年（1864），提督马如龙重建大观楼，又遭大水毁坏，后几经修缮。现存建筑规模并不宏大，但因楼前悬挂孙髯的被誉为"天下第一联""海内第一长联"的一百八十字长联，备受瞩目。

【读后感】占天下之先。孙髯翁之后的各地"长联"黯然失色。

# 商家字号匾额

名匾纷立是街区市肆的缩影。字体各异、风格多样的商家字号匾额，蕴含着创业者的故事与理念，承载着深厚的人文底蕴和审美诉求。

商家有直接以姓名做字号的，如"泥人张""王四酒家"；有以地名和名胜古迹做字号的，如"丰泽园"；有顾客叫出来的字号，如"狗不理"包子铺；有用数目字表示合资店铺的，如"三义"为三人合作，"四美"为四人合作。

在文人的参与下，商号常带吉祥的字。清代学者朱彭寿曾以字号的吉利字汇成一首"七律"："顺裕兴隆瑞永昌，元亨万利复丰祥。泰和茂盛同乾德，谦吉公仁协鼎光。聚益中通全信义，久恒大美庆安康。新春正合生成广，润发洪源厚福长。"

商家不但重视字号的命名，对其字号的题额书法亦很看重，请名士题写成为传统。上至帝王将相，下至闻名于世的文人墨客都曾参与商家字号匾额的题写。他们的社会影响力具有良好的广告效应与传播效应。一些商铺因其匾额书写者的显贵身份而名声大振。

　　商家字号匾额多采用楷书。楷书端庄，笔画饱满润厚，有物阜年丰、财源茂盛之意。其形制大都为长方形，偶有异形。匾额漆底以黑色居多，黑漆金字象征着"金字招牌"，预示富贵荣华和美好前景。也有红底金字匾、黄底黑字匾、蓝底金字匾、棕底绿字匾，等等。

　　商家字号匾额是店铺的"生命之眼"。匾额在，店铺在，经营者以此将自己的志趣和理念流传于世。

拍摄自天津古文化街。店额。

"泥人张"创始于清代末年。创始人张明山（1826—1906）。《天津志略》记载："张明山，精于捏塑，能手丸泥于袖中，对人捏像且谈笑自若，顷刻捏就，逼肖其人，故有'泥人张'之称。"

泥塑，中国古老的民间艺术，以泥土为原料，或捏制或翻模，搦泥成形。泥塑在新石器时代遗址已有踪迹。汉代先民墓葬中常有泥塑人偶或动物作为陪葬品。魏晋隋唐寺庙中的泥塑佛像，标志着泥塑艺术发展到了高峰。宋以后，民间泥塑玩具也发展起来。明清时期，许多泥塑产地的百姓以家庭为单位，专门从事泥塑。如无锡惠山有"家家善塑，户户会彩"之说，其"大阿福"以民间故事"沙孩儿"为原型，是当地人喜爱的吉祥装饰。

"泥人张"张明山的彩塑，从绘画、戏曲、年画等姊妹艺术中吸取营养，独具一格，蜚声四海。

【读后感】每件艺术品都是智慧的凝结。我们应读懂它背后的故事。

111

拍摄自天津古文化街。店额。

杨柳青画店，以经营杨柳青年画等画种为主。郭沫若以现代汉语书写从左至右的方式题额，简洁明了。

杨柳青年画，全称"杨柳青木版年画"，属于木版印绘制品，是著名的中国民间木版年画之一，与苏州桃花坞年画并称"南桃北柳"。

杨柳青年画产生于元末明初。清光绪以前是其鼎盛时期。其时，天津杨柳青镇及其附近村庄，"家家会点染，户户善丹青"，年画以产地得名。

杨柳青年画的制作方法为"半印半画"，木版套印和手工彩绘相结合，即先用木版雕出画面线纹，然后用墨印在纸上，套过两三次单色版后，再以彩笔填绘。其制作程序大致是：创稿、分版、刻版、套印、彩绘、装裱。前期工序与其他木版年画大致相同，后期花费较多的工序手工彩绘，把版画的刀法版味与绘画的笔触色调融为一体，相得益彰。

杨柳青年画题材范围极广，包括风俗、历史故事、戏曲人物、娃娃、美人、花卉、山水等，尤以时事风俗、历史故事等题材为特长。

天津杨柳青画店为老字号，是天津标志性品牌商铺。它保存了杨柳青年画古版6508块；自明代以后的彩色年画700种，计4056件；线描坯子2018种，6808件；完整保留了杨柳青木版年画勾、刻、印、绘、裱的传统工艺。

【读后感】艺术品的历史价值都在于它的"曾经走过"。"曾经"也是一种"永恒"。

拍摄自苏州山塘街。松鹤楼店额。费孝通书。

松鹤楼，清乾隆二十二年（1757）由徐氏在苏州玄妙观附近创建。古人以松鹤寓长寿，故取名松鹤楼。1918年，因经营不善，店濒临倒闭。后由天和祥店主张文炳以合股形式租赁该店，改店名为和记松鹤楼。张文炳聘请苏菜名厨，按苏式菜肴的正宗风味陆续创制出数十种应时佳肴，如原汁扒翅、白汁元菜、松鼠鳜鱼、荷叶粉蒸肉、西瓜鸡、巴肺汤等，一时间食客云集，该店遂成为名流聚宴的场所。

松鹤楼是苏州地区历史最为悠久、饮誉海内外的正宗苏帮菜馆，也是商务部首批认定的老字号餐饮品牌。与北京全聚德、扬州富春花园、杭州楼外楼传为中国餐饮四大名店。

著名小说家金庸在其《天龙八部》中多次提到松鹤楼。2007年，八十四岁的金庸重回松鹤楼，在品尝了苏帮美食后，欣然命笔，写下了"百年老店，历久常新，如松长青，似鹤添寿"的题词。

【读后感】色香味全，服务优质，价格适中，是餐饮店的生命力所在。

拍摄自北京北海公园仿膳饭庄。店额。老舍书。

仿膳饭庄创办于1925年，前身为仿膳茶庄，1956年改为饭庄，经营宫廷菜肴，以满汉全席驰名中外。仿膳饭庄是中国宫廷菜代表饭店。

旧时为皇帝提供的饮食称为御膳。清王朝灭亡后，皇宫里的御厨流落民间，所开饭馆的菜式，是仿照原来清宫的御膳，因此称为"仿膳"。

仿膳饭庄的创办人赵仁斋就是清宫御厨。1925年，他与其他几位御厨合作，开设仿膳，轰动一时，成为著名的食馆。

仿膳（清廷御膳）选用山八珍、海八珍、禽八珍、草八珍等名贵原料，采用满族的烧烤与汉族的炖焖煮等技法，汇南北风味之精粹，菜点繁多，全套的满汉全席有一百多道菜点。

【读后感】民以食为天。食之丰富、讲究，是人类称霸自然的标识之一。

拍摄自安徽屯溪老街。德阳楼店额。沈鹏书。

德阳楼以其高翘的飞檐、雍容华美的雕梁画栋，成为屯溪老街的中心建筑景观。

屯溪老街，北面依山，南面傍水，含一条直街、三条横街和十八条小巷，由不同年代建成的三百余幢徽派建筑构成，呈鱼骨架形分布。因其坐落在横江、率水和新安江三江汇流之处，所以又被称为流动的"清明上河图"，是中国保存最完整、最具有南宋和明清建筑风格的古代街市，也是"全国重点文物保护单位"。2009年，屯溪老街与北京国子监街、苏州平江路一同当选为"中国历史文化名街"。

老街两侧店铺门楣上流光溢彩的金字招牌，古色古香，不少出自王朝闻、启功、沈鹏、亚明、唐云、林散之、黄苗子、费新我等书坛魁星之手。老街的整体建筑具有宋代徽派民居的风格与特征，因而又被称为宋街。

【读后感】建筑的地域性风格，让"住有所居"成为美丽的地方故事。

拍摄自山东淄博周村。旧时周村天下之货集聚，贸易熙然繁华，与佛山、景德镇、朱仙镇齐名，被称为无水路相通的全国四大旱码头。旱码头匾，既可视作商业匾，又可看成地名匾。

周村距春秋战国时期齐国故都临淄不到50千米。明末清初，周村开始走向繁荣，至清中后期，一时成为"日进斗金""驾乎省垣之上"的所在。当时，此处商号、作坊多达五千余家，仅银子市街就有钱庄票号一百零八家之多，是辐射鲁中、跨长江越黄河的著名商品集散地，被誉为"金周村""旱码头"。清人王衍霖在《周村重修兴隆桥碑记》中说："旧有镇市曰周村，烟火鳞次，泉贝充牣，居人名曰旱码头。"据传，1775年，乾隆南巡到过周村，并御赐周村为"天下第一村"。

周村旱码头，由大街、丝市街、银子市街等古商业街组成，总占地面积32.7公顷，至今仍保存完好的明清古建筑5万余平方米，被中国古建筑保护委员会的专家誉为"中国活着的古商业建筑博物馆群"。

【读后感】"南周庄""北周村"，地域性名镇也须走向千家万户。

117

拍摄自浙江桐乡乌镇西栅景区。馆额。

缠足是中国古代的一种陋习。据高洪兴《缠足史》考证,缠足风俗始于北宋。五代及之前的中国女子是不缠足的。苏轼曾赋《菩萨蛮·咏足》咏叹缠足:"涂香莫惜莲承步。长愁罗袜凌波去。只见舞回风,都无行处踪。偷穿宫样稳,并立双趺困;纤妙说应难,须从掌上看。"

乌镇的三寸金莲馆是一家展馆。馆内陈列着从南宋到明清的全国各地的缠足鞋数百双,用大量珍贵的实物和图片向观众讲述中国历史上的缠足文化,为观众提供了一个了解金莲历史的窗口。

【读后感】错误的审美观贻害千年。做"自己"最好。

# 书院医馆匾额

　　书院是中国古代的教育机构，是私人或官府所设的讲授、研究学问的场所。中国最早的官办书院始于唐朝。袁枚《随园随笔》："书院之名，起于唐玄宗之时，丽正书院、集贤书院皆建于省外，为修书之地。"宋代以后，书院成为民间教育的重要形式，以讲论经籍为主，最有名的有河南商丘的应天府书院、湖南长沙的岳麓书院、江西庐山的白鹿洞书院、河南登封的嵩阳书院。元代书院遍及各路、州、府。明代书院发展到一千两百多所，其中有些是官办书院。清代书院达两千余所，但大部分书院与官学无异，且多为习举业而设。清光绪二十七年（1901），诏令各省书院改为大学堂，各府、厅、直隶州书院改为中学堂，各州县的书院改为小学堂。至此，书院之名遂废。

　　书院命名大体遵循以先贤或当时名人、当地名胜为主，以儒家价值取向的理论概念、典故传说为辅的规律。与先贤名人有关的书院如象山书院（陆九渊）、濂溪书院（周敦颐）、明道书院

（程颢）、伊川书院（程颐）；以地名命名的书院如甘肃甘谷的朱圉书院，以大禹曾到过的朱圉山命名；以儒家理念命名，如正谊书院取《汉书·董仲舒传》"正其谊不谋其利，明其道不计其功"之意。

　　古代民间医馆大都兼药铺。坐在药店内治病的医生称"坐堂医"。行医者也多把自己的医馆、药店以"堂"相称，如"九芝堂""同仁堂""胡庆余堂""方回春堂"等。这些堂号至今仍然保留着，名扬海内外。

拍摄自湖南长沙岳麓书院。书院门额。黑底烫金匾。宋真宗赵恒御笔。

岳麓书院得名于南岳七十二峰最末一峰的岳麓山。唐末五代，智璇等僧在麓山寺下建"以居士类"的学舍。北宋开宝九年（976），潭州太守朱洞在此正式创立岳麓书院。北宋祥符八年（1015），宋真宗御笔赐书"岳麓书院"门额。之后，岳麓书院七毁七建，现存主要建筑为清朝遗构，是中国现存规模最大、保存最完好的书院建筑群。

"岳麓书院"额下悬有一联："惟楚有材，于斯为盛。"颂扬岳麓书院英才辈出。宋代的张栻、朱熹、陆九渊、陈傅良，明代的王守仁、王乔龄、张元忭，清代的李文炤、王文清、罗典、丁善庆、王先谦等，都曾在此讲学。王夫之、陶澍、贺长龄、魏源、曾国藩、郭嵩焘、唐才常、陈天华、杨昌济等曾在此就读。

清光绪廿九年（1903），岳麓书院与湖南省城大学堂合并为湖南高等学堂，沿用书院旧址。1926年，湖南高等学堂正式定名湖南大学，世称"千年学府"。1986年湖南大学修复岳麓书院，正式对外开放。

【读后感】思想大家的可贵之处在于集大成而以超越"大成"引领后人。

拍摄自湖南长沙岳麓书院。额悬于书院二门。原为清代学监程颂万撰书，毁于抗战时期。后由全国人大原常委会副委员长、民盟中央主席楚图南补书新匾。

潇，指湖南境内的潇水河；湘，指横贯湖南的湘江。潇湘，指湖南。"潇湘"一词，最早见于《山海经·中次十二经》："澧沅之风，交潇湘之渊。"到唐代中期，"潇湘"衍化为地域名称。此后，"潇湘"一词被不断赋予新内容，用作词牌《潇湘神》、戏曲《潇湘夜雨》、琴曲《潇湘水云》等。

槐市，汉代长安读书人聚会、贸易之市，因其地多槐而得名。据《艺文类聚》引《三辅黄图》载："去城七里，东为常满仓，仓之北为槐市，列槐树数百行为隧，无墙屋。诸生朔望会此市，各持其郡所出货物及经传书记、笙磬乐器相与买卖。"隋代，国子监设于槐市附近。"槐市"由此代指文化交流场所。南朝梁元帝《皇太子讲学碑》："转金路而下辟雍，晔玉裕而经槐市。"宋苏轼《次韵徐积》："但见中年隐槐市，岂知平日赋兰台。"

潇湘槐市，指岳麓书院是湖南文人、学者聚集的场所，引申为岳麓书院人才之盛。岳麓书院二门门联为清乾隆年间书院山长罗典所撰："地接衡湘，大泽深山龙虎气；学宗邹鲁，礼门义路圣贤心。"

【读后感】闭门治学，易孤陋寡闻。于交流争辩中独思于人，易自成一说。

拍摄自湖南长沙岳麓书院。额悬于书院讲堂大厅。鎏金木匾。乾隆御书。为原物。

乾隆八年（1743），乾隆帝为褒扬岳麓书院传播朱（熹）张（栻）理学之功，御赐"道南正脉"额，钦定岳麓书院坚持传播的朱张湖湘学派是理学南传的正统。此额表明了岳麓书院在中国理学传播史上的地位。

南宋乾道三年（1167），理学家张栻、朱熹在岳麓书院举行"会讲"，开中国书院会讲之先河，推动了宋代理学的发展。元代理学家吴澄在《重建岳麓书院记》中说："自此之后，岳麓之为岳麓，非前之岳麓矣！"

岳麓书院讲堂壁正面刻有《岳麓书院记》，为南宋乾道二年（1166）书院主教、理学家张栻所作，是岳麓书院培养人才的基本大纲，对书院教育有重大影响。讲堂壁还嵌有许多极有价值的碑刻文物，如由朱熹手书、清代山长欧阳厚均刻的"忠孝廉节"碑，清代山长欧阳正焕书、欧阳厚均刊立的"整齐严

肃"碑，清代山长王文清撰文的《岳麓书院学规碑》《读书法》
等十数方。

【读后感】家有家风，院有院风。正大光明的文化氛围，是
人成才的重要环境。

拍摄自北京王府井大街。店额。

1669年，同仁堂创始人乐显扬认为"可以养生、可以济人者，惟医药为最"，遂在京城创办同仁堂药室。他以"同仁"二字为堂名，以为"同修仁德，济世养生"。堂名融合了《周易》"同人卦""亨"（象征人事和同，通达顺利）、汉黄石公《素书·安礼》"同仁"（同行仁德）和韩愈《清边郡王杨燕奇碑文》"同仁"（一视同仁）三种含义，宣示同仁堂将制药卖药、治病救人作为修炼自身仁德的途径，对求医购药的八方来客，无论贫富贵贱，一律一视同仁。

乐显扬三子乐凤鸣继承父业后，于1706年将同仁堂所制三百六十二种成药分门汇集成《乐氏祖传丸散膏丹下料配方》（《同仁堂药目叙》），并在该书《序》中提出了"炮制虽繁必不敢省人工，品味虽贵必不敢减物力"这历代同仁堂人遵循的古训。在此基础上，同仁堂形成了"诚信为本，药德为魂"的经营理念和"德、诚、信"三字企业行为准则，并将"修合无人见，存心有天知"视为自律准则。

清雍正元年（1723），同仁堂被钦定为供奉皇宫御药房用药，历时一百八十八年。迄今，同仁堂仍是我国中药行业著名的老字号。

【读后感】修仁德才能亲和敬业，才能以优质服务济世惠民、报效社会。

拍摄自苏州道前街雷允上药店。店额。

雷允上，老字号药店。清雍正十二年（1734）由吴门医派名医雷大升在苏州始创。1922年，雷允上已拥有十几个门类，几百个品种的中成药体系，与北京同仁堂齐名于海内外，时有"南有雷允上，北有同仁堂"之说。

雷大升（1696—1779），字允上，号南山，自幼读书习医，清康熙五十四年（1715）弃儒从医。清雍正十二年（1734），雷大升在苏州阊门内专诸巷开设"雷诵芬堂"，以"允上"挂牌坐堂行医，并题"精选道地药材允执其信，虔修丸散膏丹上品为宗"。因其医术高明，治病有方，"雷允上"名闻苏州，蜚声杏林。乾隆二十四年（1759），贡品《姑苏繁华图》收录"雷允上诵芬堂药铺"。1864年，六神丸问世。

雷大升著有《金匮辨证》《要症论略》《经病方论》《丹丸方论》等典籍。

新中国成立后，原卫生部陈敏章部长为雷允上题词："名声如雷，允称上乘。"1984年，六神丸被国家列为绝密项目，是我国四大保密药方之一。

　　如今，雷允上发展成为集工业、商业、连锁、国医馆、健康养生于一体的大健康集团企业，拥有前端治未病、中端治已病、后端康复治疗的健康管理体系。

　　【读后感】品牌长年不衰的原因在于注重口碑，口碑源于产品与服务的优质。

# 深宅大府匾额

悬挂在宫殿、城隍、街道、里坊、牌楼、牌坊的匾额可以称为官式建筑匾额。民居环境中的匾额则称为民居建筑匾额。民居匾额无论内容还是形式，都比官式匾额丰富，面广量大，遍布各地。

民居建筑在古代有府、宅、家、舍、庐之别。府，一般称大官、贵族的住宅。宅，一般指生活比较富裕的人的住处。家，普通人住宅的统称。舍，指人们的临时住处。庐，指临时搭建的简陋住室。

民居匾额一般悬于深府、大宅，是一个家族的门脸，彰显着家族的门第层次、道德修养、思想情感、处世哲学、精神寄托以及对未来的追求。

深府大宅匾额按其内容，有御赐匾额，即皇帝颁发的表彰匾额，如"状元第"；有旌表匾额，即官府授予的表彰匾额，亦称"扁表"，如"恩荣"；有标名匾额，即自报门第的匾额，如"木府"；有标榜匾额，用以镌刻族人功业、彰显家族实力，如"江夏世家"；有门风匾额，表达家族文化传承，如"诗礼传家"；有祈福匾额，如"紫气东来"；有劝勉、教化匾额，如"孝弟力田"；有颂德、祝福匾额，如"世德流芳"；有抒情述志的，如"真趣"，等等。

深府大宅匾额的四周边框常雕饰各种花卉和吉祥图案，如花鸟、植物、吉兽、器物、几何纹等，富有象征意义。饰以莲花，象征不受世俗所染；饰以牡丹，象征富贵雍容；饰以葡萄和石榴，象征子孙兴旺；饰以仙桃、仙鹤、不老松、灵龟，象征长寿；饰以琴、棋、书、画，象征家族门风和教养，等等。

拍摄自江苏吴江同里古镇。陈御史府第仪门匾额。清代乾嘉学派大师钱大昕书。

陈氏是同里屈指可数的望族。在同里居住绵延十一代的三百年间，陈氏出过十名举人，其中四人中进士，贡生名流更是众多。

陈家在明清时期出了两位御史，后人称陈王道为老御史，陈沂震为小御史。御史，中国古代官职，自秦朝始，监察朝廷官吏，一直延续到清朝。

陈王道（1526—1576），明万历初擢升南京监察御史。朝廷赐以"清朝侍御"额，并敕建牌坊以表彰其"清理朝纲"之功绩。陈沂震为陈王道五世孙，康熙庚辰（1700）进士，在外为官二十余年。告老还家后，在侍御坊西邻建造邸宅，时为同里宅第之冠。雍正初年，因旧事牵连，陈沂震遭抄家，家宅被官府罚没，陈沂震在家自尽。陈沂震之后，陈氏子孙重建家业，名人辈出，功名不绝。

现存陈御史府于2003年修复并对外开放，归入"珍珠塔景园"。珍珠塔景园名取自陈王道嫁女演绎而成的《珍珠塔》故事。整座景园由陈御史府第、陈家花园、祠堂、侍御坊等组成，东宅西园布局。

【读后感】树大根深，门第传承之能量，不可轻视。

拍摄自江苏吴江同里古镇。陈御史府第侍御坊额。额字"清朝侍御"，据传系明万历帝朱翊钧赐书。额下镂刻"大明万历庚辰为南京河南道监察御史陈王道立"。左右额板分别署"大明万历庚辰敕建""大清康熙己亥重葺"。

明永乐帝迁都北京后，南京仍设六部衙门、都察院、国子监等中央政权机构，行使管理南中国的权力。陈王道负责监察百官，为官清正、政绩卓著，起着为皇家"清朝"的作用。陈王道死后，朝廷特立侍御坊表彰。

侍御坊为三开间牌坊，四根方形石柱，坊上有飞檐翘角的青紫筒瓦、排列密集的斗拱和昂嘴，三个歇山顶成品字形。正中板所刻"清朝侍御"四字，每字近一平方米。四周木架结构上，精细雕刻龙凤、仙鹤、麒麟等飞禽走兽图案，惟妙惟肖，华丽生动。坊前有高近2米的白玉雕刻石狮子一对，旗杆石一对。

侍御坊两侧刻对联两副。其一："义制事礼制心检身若不及；德懋官功懋赏立政惟其人。"其二："念初者丰年为瑞贤臣为宝；心游乎道德之渊仁义之林。"这两副联语讴歌了陈王道的人品和政绩，阐明了统治者对官吏的勉励和殷切希望。

【读后感】"德懋官功懋赏。"勉之以官者，首要的是其德。

拍摄自江苏吴江同里古镇。额嵌于陈御史府第侍御坊后照墙壁。

恩荣，谓受皇帝恩宠的荣耀。唐白居易《续古诗》之五："一曲称君心，恩荣连九族。"明代小说《警世通言》："今官至抚台，恩荣极矣，一向清勤自矢，不负朝廷。"

各地刻有"恩荣"二字的匾额很多。有的是竖匾"恩荣"二字，有的是横匾四字额内含"恩荣"，如"恩荣宠锡""恩荣累叶""杖朝恩荣"。它们形制不同、材质不同，但都被供奉于厅堂、牌坊之上，以示荣耀。

【读后感】能追求"恩荣"，亦为人生快事。

拍摄自江苏吴江同里古镇。为陈御史府第雅韵馆古戏台额。

古戏台立于小池中。戏台中央藻井呈螺旋形曲折多致地上升，彩绘图案为百凤朝阳。两边立柱木雕垂狮上站有和合二仙，雕刻细腻生动。戏楼的彩绘有五代顾闳中的《韩熙载夜宴图》、永乐宫的《八十一神仙图》。抱柱联为："盛世唱和五韵奏，钧天雅乐八音谐。"

承平，太平。晚唐诗人薛能《省试夜》："白莲千朵照廊明，一片承平雅颂声。"豫，喜悦、欢乐。《国语·晋语》："坤，母也；震，长男也。母老子强，故曰豫。"豫泰，喜悦而安康。清陈廷敬《午亭文编》："海寓清宁，宫庭豫泰。"承平豫泰，寓意太平盛世，可以音乐陶冶身心安康。

【读后感】老有所乐，以衣食无忧、身心安康为基础。这是"承平豫泰"另解。

图均拍摄自江苏吴江同里陈去病故居。堂额。

浩歌堂，取香山居士白居易《浩歌行》之意。

浩歌堂于1920年落成。金世德《陈去病年谱》记载："时香山作此年四十七，先生适与之同，作诗联纪之。"叙云："茅舍初成，适阅香山《浩歌行》，欣然有会，因取以命吾堂。"诗曰："摧枯拉朽事寻常，易位移方尽向阳。苟美苟完粗自在，一花一木任裁量。香山诗味醰醰咏，杜老秋怀淡淡忘。正好齐年四十七，兰媚主署浩歌堂。"

【读后感】堂名、斋名，皆言志。人需要以志立世，以志笃行。

上图拍摄自江苏吴江同里。陈去病故居堂楼月洞门楣额。下图拍摄自苏州狮子林。狮子林燕誉堂北厅匾额。

同里"绿玉青瑶之馆"原为杨千里手书，毁于"文革"。1994年钱仲联教授重书匾额。馆名源出倪瓒诗句："依微同里接松陵，绿玉青瑶缭复萦。为咏江城秋草色，独行烟渚暮钟声。黄香宅里留三宿，甫里门前过几程。借书市药时来往，不向居人道姓名。"绿玉、青瑶均为美玉，比喻德行高洁。陈去病母倪氏为倪云林后代，知书达礼，堪为乡里楷模，对陈去病一生颇有影响。为感母恩，遂以此额名书斋。

燕誉堂北厅为女主人招待女宾之处。匾额"绿玉青瑶之馆"，款署："新安吴进贤，时年八十三。"明洪武六年（1373），狮子林主持如海上人邀请倪瓒作《狮子林图》并题诗。倪瓒与黄公望、吴镇、王蒙并称元四家。狮子林因此名声大振，一度为吴门文人赋诗作画之地。

【读后感】从名不见经传到名望万里，甚或名扬千年，都离不开名家的耕耘。

# 文房书斋匾额

文房，古人的书房。唐元稹《酬乐天东南行》诗："文房长遣闭，经肆未曾铺。"文房另指官府掌管文书之处。唐刘禹锡《酬令狐留守巡内至集贤院见寄》诗："仙院文房隔旧宫，当时盛事尽成空。"文房有时是"文房四宝"的省称。文房四宝，指笔、墨、纸、砚。

书房，古代称书斋。古人为了彰显意趣和文化品位，会结合书斋的实际环境以及个人的生活际遇，给书斋起一个很个性化的名字。如刘禹锡的"陋室"、白居易的"池北书库"、尤袤的"遂初堂"、陈振孙的"直斋"、陆游的"书巢"等。

古人的文房书斋，有的以居室环境命名，如"十竹斋""一石庵""九梅堂"；有的以建筑时间命名，如"三癸亭"；有的以所寓之志命名，如"十愿斋"因其怀十大愿望，"三难轩"因以力行、责己、克终为三件难事，"后乐堂"取自"后天下之乐而乐"句；有的以所敬之人命名，如"立雪斋"源自"程门立

雪","陶庵"因敬慕陶渊明；有的以读书藏书命名，如"四当
斋"取自"饥读之以当肉，寒读之以当裘，孤寂而读之以当友
朋，幽忧而读之以当金石琴瑟"句，"八求精舍"出自"求书八
法"，等等。

古人为自勉和标榜自己的志向节操，书斋名常制成匾额高悬
于门户或书房的墙上，成为点缀与美化书斋的文房匾。

有的文房匾除了书斋名，还会在旁边用小字镌刻题跋，阐述
斋名的来由及出处，或加刻一段诗文短语，并在落款处把书写者
的钤印也以镌刻的形式表现出来，起到丰富整体、增强艺术魅力
的作用。

拍摄自北京故宫。紫禁城养心殿西暖阁乾隆帝书房堂匾。乾隆御书。

三希堂为乾隆帝书房，内藏晋以后历代名家一百三十四人的书法作品，包括墨迹三百四十件、拓本四百九十五种。

"三希"之名，按《乾隆皇帝御制三希堂记》来看，一是源于宋儒周敦颐，他提出士人修身当"士希贤、贤希圣、圣希天"，即士大夫以贤能之人为楷模，贤能之人以圣人为榜样，圣人则需要体会天道的大公无私。乾隆帝以此鼓励自己不懈追求，提高修养，进入更高境界。二是古文"希"同"稀"，"三希"即三件稀世珍宝。乾隆帝在此收藏了王羲之《快雪时晴帖》、王献之《中秋贴》、王珣《伯远帖》三件稀世之珍。虽然前两件经考证均为摹本，但仍弥足珍贵。三是乾隆帝为追慕师长蔡世远的"二希堂"，遂给自己的书斋取名"三希堂"。

在"三希堂"匾额的下方，有乾隆帝御笔题的集句联："怀抱观古今，深心托豪素。"体现了乾隆皇帝在三希堂中以辞赋文章、笔墨丹青抒发、寄托自己观古鉴今，成为一代明君的深心远志。

【读后感】历史上许多雅集，都是帝王将相、才子佳人的专利。

拍摄自苏州留园。留园五峰仙馆汲古得修绠轩额。

汲古得修绠轩为盛氏家族掌管留园时的书房。轩名取自唐韩愈诗："归愚识夷涂，汲古得修绠。"汲古，谓钻研或收藏古籍、古物，如汲水于井。绠，汲水用的绳子。修，长。修绠，汲水用的长绳。清唐孙华《哭座主玉峰尚书徐公》诗之三："大裘百丈遮寒士，修绠千寻援溺人。"

汲古得修绠，意谓钻研高深的学问，如汲深井水得用长绳一般，须有恒心，使用正确的方法，下极大的工夫。《庄子·至乐》："褚小者不可以怀大，绠短者不可以汲深。"褚：衣袋。《荀子·荣辱》也有"短绠不可以汲深井之泉，知不几者不可与及圣人之言"之说。这是一句勉励人用功的箴言。我国历史上出名的"汲古阁"，旧书店"修绠堂"，皆由此而来。

【读后感】日常生活小现象常常蕴含着治学做人的大道理。关键在于"悟"字。

147

拍摄自苏州留园。留园石林小院轩额。行草。款署："甲子年二月上旬，林散之。""甲子年"为1984年。林散之（1898—1989），有诗、书、画三绝之誉和"一代草圣"之称。

揖峰轩为留园旧时园主刘恕的书房，环境幽雅，是吟诗作画、操琴对弈的佳处。轩名取宋朱熹《游百丈山记》"前揖庐山，一峰独秀"句意。该轩西小院有湖石"独秀峰"，轩前庭院内有"晚翠""迎晖""段锦""竞爽"等太湖石峰，皆为石中精品。一个"揖"字，借用米芾拜石典故，表达了园主喜石成痴的个性。

宋代米芾在安徽濡须为官时，听说当地有一块百姓敬若神灵的怪石，遂不惜工本，将此石移至州府，并沿石筑庭。此石形态奇异，峥嵘之中隐藏着磊落精魂；清瘦之中显露出凛然骨气，酷似一位久经风霜、正气凛然的老者。米芾见后即设席正冠，虔诚下拜，连声高呼："吾欲见为兄已二十年矣。"这就是著名的"米颠拜石"故事。后世文人常以此典故在园林中建"拜石轩""石丈亭"等，表达对这种审美方式的追慕。"揖峰"二字正是通过对小院中山石花木之人格意义的尊崇，来抒发园主痴石的意境追求。

【读后感】"拜石""揖峰"，风雅之举。若以此接济贫困、救人于难，应属风雅中的风雅了。

　　拍摄自江苏南通如皋水绘园。水绘园壹默斋额。书法家顾廷龙八十八岁时书写。

　　水绘园，始建于明朝万历年间。原是邑人冒一贯的产业，历四世至冒辟疆时始臻完善。现存水绘园建筑群为1994年秋重建，保留了旧时风貌。水绘园北依城墙，其他三面环水，借水流隔景、绘景。清初陈其年在《水绘园记》中描述："绘者，会也，南北东西皆水绘其中，林峦葩卉块扎掩映，若绘画然。"

　　冒辟疆为明末清初文学家，与桐城方以智、宜兴陈贞慧、商丘侯方域，并称明末"四公子"，也是明末复社的后起领袖。明朝灭亡后，冒辟疆心灰意冷，将水绘园改名为水绘庵，决心不仕，携"秦淮八艳"之一董小宛隐居于此。时，钱谦益、王士禛、孔尚任等名士纷纷前往，在园中诗文唱和，游舫啸咏其中。

　　壹默斋是冒辟疆与文人名士聚集议事、切磋诗书技艺的场所。壹默斋之"壹"为专一，稳定之意，"默"有缄默、静观之味。反映了冒辟疆寄情山水、不肯降清的气节。

　　【读后感】朝代更迭，令无数辛勤奋斗者将一生心血付之东流。

拍摄自苏州网师园。网师园五峰书屋额。行书。银杏木匾。

斋名"五峰"得名于书屋前庭院内的五座假山，取义于李白诗："庐山东南五老峰，青天削出金芙蓉。"

庐山向来是文士隐居的理想之处。相传李白晚年时，在五老峰下的屏风叠修建太白书堂，隐居读书，于青松白云间修道养性。后人遂多以石峰模拟庐山五老峰，表达自己隐世安居的情致。

旧时清廷勤政殿前置五块高约4米的太湖石，象征庐山五老峰，寓意长寿，称为"峰虚五老"。院四周各一块色暗孔奇之石，象征一年四季。

五峰书屋是网师园园主读书藏书之处。以"五峰"为书屋名，含读书隐逸之意。五峰书屋为两层楼宇，屋前有回廊，东通半亭，西出竹外一枝轩，室内与集虚斋相通，二楼楼面和集虚斋楼层相连。庭院植蜡梅、桂花、天竹、山茶、红枫、含笑、垂丝海棠，幽静雅致，适宜读书静思。

【读后感】远嚣尘，清心欲，读书人遂以专一阅读写作打发人生光阴。

拍摄自苏州网师园。网师园集虚斋额。行书。黄底黑字。银杏木匾。

"集虚"取自《庄子·内篇·人间世第四》："仲尼曰：若一志，无听之以耳而听之以心，无听之以心而听之以气。听止于耳，心止于符。气也者，虚而待物者也。唯道集虚。虚者，心斋也。"孔子说：必须摒除杂念，专一心思，不用耳去听而用心去领悟，让心与天地之气（道）相"符"。以天地之气（道）汇集澄澈虚空的心境，以此承接宇宙万物。虚，人心中澄澈明朗的境界。集虚，用专一的意志清除杂念，不同流俗，保持自然本性，与万物融合。

网师园集虚斋旧为园主修心养性读书的场所。取"集虚"为斋名，用以自勉读书养心，须去尘除嚣，清雅超逸。

集虚斋匾额下置五扇木雕屏风，内嵌名为"深竹风开合，寒潭月动摇"的墨竹图，以虚心有节的竹与集虚斋名呼应。

【读后感】清心寡欲，以戒占有贪念。无贪，心外无物，可虚以待物，厚德载物。

　　拍摄自苏州网师园。网师园殿春簃小院轩额。行书。棕色底黑字。银杏木匾。款识："庭前隙地数弓，昔之芍药圃也。今约补壁，以复旧观。光绪丙子四月香岩选记。"清同治年间网师园主为李鸿裔，字眉生，号香岩。

　　"殿春"出自北宋邵雍"尚留芍药殿春风"句意。殿春，暮春。簃，指高大屋宇边用竹子搭成的小屋。

　　暮春之时，芍药绽放。宋人刘埙《惜馀春慢》云"也无饶，红药殿春，更作薄寒清峭"；曹勋《晚春书事》云"惟有小栏藏秀色，数枝芍药殿春迟"。院如其名，殿春簃南部庭院一侧叠石为台，台中种植芍药。

　　殿春簃厅堂是旧时存放书籍的三座小轩。小轩书房内，博古架上陈列着旧籍与瓷瓶，案头置簿册、笔洗、砚台、笔筒各一，书卷气息犹存。小书房对联："镫火夜深书有味，墨华晨湛字生香。冯文蔚书。"

　　1979年美国纽约大都会博物馆仿殿春簃建造了中国式庭院"明轩"。此为中国古典园林走向世界的首例蓝本。

　　【读后感】人生若能年年"殿春"，亦为幸事。

拍摄自苏州耦园。耦园还砚斋额。湖州谭建丞补书于1987年。

还砚斋为耦园园主沈秉成的书房。还砚，名砚失而复得。耦园内有两处书房名"还砚斋"。此为东斋，于城曲草堂东。西为小斋，有俞樾篆书题匾，匾款识："东甫先生（名炳震）为吾郡老辈，生平致力于经学、史学、小学，实为乾嘉学派导其先河，莫年所用一砚，久已失之，今为其元孙仲而复廉访所得，因以名斋。"

还砚斋额下墙板挂《松荫读易图》，落款："戊辰之春为耦园读书处作，吴门王锡麒。"画两侧置对联一副："闲中觅伴书为上，身外无求睡最安。石庵居士刘墉书。"沈秉成曾以"濡毫漫写深情帖，泼墨常开称意花"之诗句来表达自己读书写字的愉悦心情。此联语正符合其处世哲学。

沈秉成（1822—1895），同治十三年（1874）擢河南按察使，寻调四川按察使，均因病未赴任。寓苏后购城东涉园旧地构筑耦园，与夫人严永华入住偕隐。光绪十年（1884）又复出为官，曾任广西巡抚、安徽巡抚署两江总督等多职。

【读后感】"身外无求"，多为功成身退之后或窘迫无奈之际的心态。

拍摄自苏州耦园。耦园无俗韵轩额。苏局仙书。

耦园谐音"偶",园内所有建筑皆成双成对。无俗韵轩便是女主人的书房。

无俗韵轩的轩名,取自陶渊明"少无适俗韵,性本爱丘山"诗句。适俗韵,指逢迎世俗、周旋应酬、钻营取巧的能力。陶渊明自小率直,未曾学会这种世俗东西。在经历仕途的坎坷颠簸后,他选择了在淳朴的山村过归隐生活。这成为后世许多在官场沉浮之人的楷模。沈氏夫妇建造耦园,大隐隐于市,曾赋"不隐山林隐朝市,草堂开傍阖闾城"诗句,尽显寄情山水的豁达之意。

俗韵,亦指不高雅的乐声。唐白居易《邓鲂张彻落第》诗:"古琴无俗韵,奏罢无人听。"古人素有"竹无俗韵,梅有清香"之说。竹子没有鄙俗、不高雅的风骨,引喻为人具有高雅节操。无俗韵,或含女主人自勉之意。

严永华(1836—1890),晚清一代才女。著有《纫兰室诗钞》《鲽砚庐诗钞》《鲽砚庐联吟集》。与沈秉成在耦园偕隐八年，诗歌唱和，伉俪情深，成为清代苏州城风韵雅事。

【读后感】少无适俗韵。可专志于自身素养以为"机会"准备，此为幸事；又因不善同流合污而失却诸多世俗"机会"，此或亦为幸事。

闻妙香室

　　拍摄自苏州沧浪亭。沧浪亭闻妙香室额。楷书。款识：程可达。白底黑字。杂木匾。原为同治十二年（1873）许乃钊书。"文革"时被毁。

　　闻妙香室，旧称读书处。同治十二年（1873）江苏巡抚张树声所建。取杜甫《大云寺赞公房四首》诗句"灯影照无睡，心清闻妙香"而名。

　　《大云寺赞公房四首》是唐代诗人杜甫的组诗。这四首诗叙写大云寺僧赞公对诗人生活上的照顾和精神上的启迪。"灯影照无睡，心清闻妙香"句描写肃穆的古寺之夜，灯光烛影映照着不眠的诗人，阵阵香气扑入鼻中，心中俗尘倏灭，凡念顿消。"闻妙香室"额，用以借指梅香。既点出在这里极富赏梅之趣，又兼指环境清幽隔尘，暗寓园主人品脱俗。

　　闻妙香室北面临冈，有梅园一片；南侧小庭院栽有红梅一株，芭蕉一丛。室内抱柱联为："自剪露痕折尽武昌柳，伫似明月只寄岭头梅。"室四周古木参天，环境幽静，确为极好的读书处。

　　【读后感】"读书之乐何处寻，数点梅花天地心。"四时读书，须得四时之趣。

拍摄自苏州曲园（俞樾旧居）。曲园春在堂额。曾国藩书额并题跋："荫甫仁弟馆丈以'春在'名其堂，盖追忆昔年廷试'落花'之句，即仆与君相知始也，廿载重逢，书以识之。"此匾在"文革"中不知所终。20世纪80年代初重修曲园，俞樾曾孙俞平伯闻之，献出家藏曾国藩所书"春在堂"手迹，重描制匾。

俞樾，浙江德清城关乡南埭村人。清道光三十年（1850），俞樾赴京参加殿试，试题为《澹烟疏雨落花天》。俞樾答卷的首句是"花落春仍在，天时尚艳阳"。主考官曾国藩甚是赏识，认为此句咏落花而无衰飒之气，"与小宋《落花》诗意相似，名位未可量也"，擢为第一。"小宋"，指北宋文学家宋祁。其《落花》诗有"将飞更作回风舞，已落犹成半面妆"之句。

俞樾金榜题名，中进士第十九名，改翰林院庶吉士，其后散馆授编修，简放河南学政，后被御史曹登庸劾奏"试题割裂经义"而罢官。时太平军攻打浙江，遂流寓苏州。同治十三年（1874），于潘世恩故宅废址建曲园。为报答曾国藩的知遇之恩，俞樾取一堂名为"春在堂"，意谓花落春仍在之堂，为俞樾讲

157

学、读书、著作、藏书之所。俞樾在苏州四十余载，潜心学术，成书二百五十余卷，辑成《春在堂全书》。

【读后感】心有芳菲春不去。花落是自然现象。人之精神气或可"春常在"。

匾额：
梁柱间的教化

自汉朝始，匾额逐渐演变为精神象征物，承载着制额、题额者的审美趣味、价值取向、宗教信仰、思维方式，成为宣扬教化的重要媒介，是以文治国、以文治家的手段之一。

皇家宫廷匾额大量引用《尚书》《诗经》等儒家经典，在展示皇帝至高无上的地位与标榜自己治理有方的同时，彰显其治国安邦的重要思想，宣示协和万邦之道、为政治国之策、安抚士族之要、教化群臣之本，让民众处于对理想社会的无限憧憬之中。

民间匾额或被作为旌表之物，用来认同与表彰士民的某一德行，为当世和后世树立行为典范，以维护社会秩序和规范伦理道德；或者私人题赠用以歌颂、称赞、庆贺，起协调人际关系的作用；或者显扬家世家风、自我标榜荣耀，同时训导子孙铭记创业维艰、修身敬业、敦宗睦族、继往开来。

匾额之所以能发挥宣扬教化的作用，在于它不同于奖状、勋章、证书。后者具有一定的私密性。若获得者不公之于众的话，它们无法发挥激励他人、导向行为的功能。而匾额终日悬于门楣之上，广而告之，家喻户晓，成为一种公共资源，启迪人们心智，去遵守、模仿、发扬匾额所宣扬的理念，达到道德感化的目的。

# 功德声望匾额

功德声望匾额，从字面看，似乎只是对某杰出人物或某伟大业绩歌功颂德，实则是倡导其中蕴含的精神与价值取向，引导后人传承光大。如岳飞庙正殿悬挂"还我河山"匾，歌颂了岳飞不畏强敌，誓死抗争收复国土的精神，同时激励后人以岳飞为榜样，培植深厚的爱国之心和保家卫国的英勇气概。

皇宫的功德声望匾额，帝王用以自我标榜治世有方、丰功伟绩；同时训勉后来的守成者与臣民奉天承道，勤政守责，延绵江山。如"正大光明"匾额，在标识皇权正统的同时，成为清廷的祖训格言，将其作为立身、齐家、治国、平天下的基本准则。

旧时，那些维护伦理道德、政治规范政绩显著者，多被赏以匾额，称"扁表"。《后汉书·百官志》："三老掌教化。凡有孝子顺孙，贞女义妇，让财救患，及学士为民法式者，皆扁表其门，以兴善行。"扁，通匾。获得御赐、官府或百姓的匾表是一种很高的荣誉。御赐制匾，如"状元第""进士第""大夫第"

等，受匾者视之为圣物，高悬于门户，既宣示门第荣耀，又诫勉后人代代相传，福佑家族。

　　家族自制的歌功颂德匾额，如"世德流馨""世德流芳"等匾，既标榜本家族先人的品习，又启迪后人继承前人的优秀品德、光荣传统，让家族美名世代相传。民间其他用以歌颂、称赞、庆贺的匾额，通过赠送方式授匾以人，起到颂扬受匾者的高贵节气与融洽人际关系的作用。

## 皇家宣示功德匾额

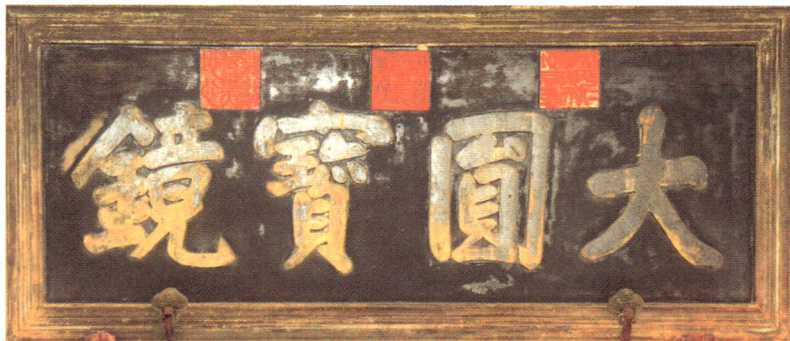

拍摄自北京颐和园。颐和园仁寿殿内檐匾额。矩形双灯草线边横匾。慈禧御笔，匾额钤慈禧"三方佛爷宝"印玺。

大圆宝镜即大圆镜智，佛所具有的四种智慧之一。四种智慧，指：大圆镜智、平等性智、妙观察智、成所作智。

佛家唯识宗认为，世界本原及诸种认识活动有八识：第一眼识，即视觉；第二耳识，即听觉；第三鼻识，即嗅觉；第四舌识，即味觉；第五身识，即触觉。第六识为心识，第七识为末那识，第八识为阿赖耶识。

每个人都内含这些"识"。驾驭"识"，"识"便转化成智慧。其中，前五识转成"成所作智"，可以明白地感受万物。第六识转成"妙观察智"，可明辨一切。第七识转成"平等性智"，就不会有妒忌、贪嗔痴等烦恼。第八识转成"大圆镜智"，就能明察一切，犹如大圆镜之能显现一切色相。

此额另一释义是："大圆"指天。《周易·说卦》："乾为天，为圜。"天帝释以大宝镜照四大神州，察人善恶。仁寿殿原名勤政殿，是皇家在颐和园进行政治活动的主要场所。此匾高悬这里，是皇帝自诩如天帝般洞察一切，警示被召见的大臣：天不可欺，君不可欺。

【读后感】智慧，只是加工厂，它的产品取决于所加工的原材料。

　　拍摄自北京颐和园。颐和园排云门南外檐匾额。额语取自南朝宋谢灵运《从游京口北固应诏》诗："皇心美阳泽，万象咸光昭。"

　　万象，道家术语，宇宙内外一切事物或景象。唐杜甫《宿白沙驿》诗："万象皆春气，孤槎自客星。"唐温庭筠《七夕》诗："金风入树千门夜，银汉横空万象秋。"明何景明《待曙楼赋》："忻万象之昭晰，张群方之幽黝。"光昭，彰明显扬，发扬光大；照耀。《左传·隐公三年》："光昭先君之令德，可不务乎？"曹操《秋胡行》："明明日月光，何所不光昭。"万象光昭，天下万物都得到照耀，散发无限光明。这是对佛祖的颂扬之词，也是比喻皇恩浩荡、如日普照。

　　排云门是排云殿建筑组群的正门。排云殿是颐和园的核心建筑群，建在万寿山中部，是慈禧太后用来庆贺自己生日的场所。万象光昭，也是对慈禧太后的阿谀之辞。

　　【读后感】每个历史节点都有各自的太阳，自然界的太阳最终也会没落。

拍摄自北京颐和园。颐和园排云殿院内紫霄殿额。钤"慈禧皇太后御笔之宝"印。

登，上升，增加。《左传·昭公三年》："陈氏三量，皆登一焉，钟乃大矣。"杜预注："登，加也。"荐，表示频度，频繁、接连不断。《诗经·大雅·云汉》："天降丧乱，饥馑荐臻。"祉，福。登祥荐祉，吉祥逐步增多，福运接连不断。《全唐诗·郊庙歌辞·祭太社乐章·舒和》："纬武经文隆景化，登祥荐祉启丰年。"

紫霄殿有联："上林万树连西掖，北极诸星拱太微。"为摘句联，摘自明曾棨《新馆内值》诗。上林，指上林苑。西掖，指宫阙西侧。太微，即太微垣，为三星垣之一，古人将太微星垣比喻为帝王之居。

慈禧对此联情有独钟。德和园庆善堂东厢亦置此联。这种一联两挂，在颐和园绝无仅有。联语中用碎锦格明嵌"西""太"二字，暗嵌一个"后"字。慈禧被世人称为西太后。联语寓意为：慈禧倍受皇上宠爱，唯我独尊，万人仰望，似众星拱太微。登祥荐祉，即谓慈禧太后一生总是福运不断。

【读后感】相比懊恼霉运连连，一个人能自认为福运不断，实属幸事。

拍摄自成都汉昭烈庙。刘备殿正殿匾额。清同治年间，四川总督完颜崇实所书。

业，绩业。绍，继承、发扬、连续。《说文》："绍，继也。"《国语·晋语》："使寡君之绍续昆裔。"高、光，指两汉的开国皇帝，即东汉高祖刘邦和西汉光武帝刘秀。业绍高光，意谓刘备继承了汉高祖刘邦和汉光武帝刘秀的帝业，既是对刘备的最高赞誉，也表明后人把刘备视为正统的思想。

刘备殿殿中供奉刘备贴金泥塑坐像。刘备像东侧，是刘备之孙刘谌的塑像。刘谌曾苦谏父亲刘禅，同来敌决一死战。刘禅不听。谌哭于昭烈庙，先杀妻子，而后自杀，左右无不为涕泣者。刘备像西侧原有刘禅像，因降魏后"乐不思蜀"，不知亡国之耻，在宋代，其像被毁，自此没有再塑。

【读后感】气节在贪生怕死面前止步，在视死如归面前存于青史。

拍摄自安徽凤阳。凤阳鼓楼门额。横书阴刻，宽2.6米、高0.65米。白玉石材质。楷书。相传为朱元璋御笔大字。

凤阳鼓楼又称中都谯楼。中都城，是明代开国皇帝朱元璋在其发祥地所营建的一座于中途夭折的都城。"万世根本"四个大字位于中都谯楼正中门上方。大字之下的砖墙上，还有用同色砖条拼砌出佛教的"卍"字符。

明《凤阳新书》卷七载："凤阳，乃我皇祖龙飞之乡，圣朝根本之地，亿万年国脉钟灵之基，非寻常都邑比也。"《大明一统志》卷七《中都》载："实我太祖高皇帝龙兴之地，如周之岐、豳，汉之丰、沛也。洪武三年，建为中都……诚为国家千万世根本之地。"

【读后感】尽管愿望总是被事实颠覆，但愿望又是前行的精神动力。

169

## 世家标榜荣耀匾额

拍摄自安徽黟县西递古村。西递村追慕堂额。

西递明经胡氏在历史上曾建有二十六座祠堂。追慕堂是十九座分支祠之一，为西递的第二大祠堂。明经胡氏廿四祖胡贯三建于清乾隆五十九年（1794），意在纪念祖父丙培公，父亲应海公。同时追根溯源，供奉明经胡氏始祖胡昌翼的本生祖先唐太宗李世民。胡昌翼是唐昭宗李晔之子，为避梁王朱全忠的追杀，隐姓埋名。追慕堂三进二天井，正堂上端坐的便是唐太宗李世民塑像。

堂内各厅堂月梁分别悬挂"累世簪缨""尊宗敬祖""有道明君""天恩重沐""光朝宠锡"等匾额，既宣示了家族曾经受到的恩宠，又显示了明经胡氏后人慎终追远，不忘祖恩的心境。

"光朝宠锡"额，是清道光十九年潘世恩为杭州知府胡元熙立。宠锡，尊贵显荣的赐予，指帝皇的恩赐。"锡"通"赐"。

旧时赏赐等级为：一锡车马，再锡衣服，三锡乐器，四锡朱户，五锡纳陛，六锡虎贲，七锡弓矢，八锡鈇钺，九锡秬鬯，谓曰九锡之礼。唐白行简《李娃传》："天子异之，宠锡加等。"宋欧阳修《泷冈阡表》："故自嘉祐以来，逢国大庆，必加宠锡。"

【读后感】世家追慕祖恩，家传流长。普通人家有几家记得祖上？

　　拍摄自无锡梅村至德祠。"至德无名"是康熙四十四年（1705）康熙帝南巡驻跸苏州行宫时，钦赐给泰伯庙的御笔亲书。

　　泰伯为古公亶父长子。古公亶父有"我世当有兴者，其在昌乎"之意，欲传位于第三子季历再传于季历之子姬昌（即后来的周文王）。时西岐礼法为传长不传幼，亶父只能作罢。泰伯为成全父亲的心愿，三让其位，在无锡梅里避居，断发文身，开发江南，变蛮荒以文明，并建国勾吴。其让德之高被后人尊为至德先圣、三让王、江南文化之祖。

　　孔子《论语·泰伯》："太伯，其可谓至德也已矣。三以天下让，民无得而称焉。"意思是，泰伯是具有最崇高道德的人了。他三让君位，百姓简直找不出恰当的词语称赞他。

　　至德，德之至极。以中国古制，王位传长而无传贤。泰伯让位，开辟了传贤之制。此让德，是仁德；又无意于求名，是为至德。宋范仲淹《苏州十咏其一·泰州十咏》："至德本无名，宣尼一此凭。能将天下让，知有圣人生。南国奔方远，西山道始亨。英灵岂不在，千古碧江横。"

　　【读后感】"无名"而名垂千古，历史让诸多追名逐位者无语。

拍摄自无锡梅村至德祠。"三让高踪"为乾隆帝在乾隆十六年二月南巡驻跸苏州行宫时，钦赐给泰伯庙的御笔亲书。

泰伯三让，有多种说法。其中一说，一让指泰伯在古公亶父病重时托言上山采药主动避居吴山（今宝鸡市北）。二让指亶父病逝，泰伯、仲雍回周原奔丧，季历与众臣请求泰伯即位，泰伯不受，丧毕，携仲雍再次离开，远赴南方荆、蛮之地避居。三让指季历被商王以莫须有的罪名杀害，泰伯又返岐山奔丧，群臣与侄昌再次请求泰伯即位，泰伯仍不受。

【读后感】泰伯之圣德在于"三让"，若仅"一让"，或有隐情。而"奔吴"功大！

拍摄自浙江兰溪诸葛八卦村。额悬于八卦村大公堂。为崇祯年间诸葛亮后人诸葛羲为其祖先题写。

隆中，地名，指诸葛亮隐居之地。云礽，亦作云仍，远孙、沿袭之意，比喻后继者。隆中云礽，诸葛亮的子孙后代。这是向世人宣示宗族家世高远绵长。

诸葛八卦村是迄今发现的诸葛亮后裔的最大聚居地。整个村落以钟池为核心，呈放射状的九宫八卦形布局。这在中国古建筑史上尚属孤例。村内现存完好的明清古建筑二百多座，各类祠堂十八处。大公堂、丞相祠堂是其中的佼佼者。

【读后感】家世是后人发愤图强的基础。后人出类拔萃，更多的在于自身。

拍摄自安徽黟县宏村汪氏祠堂门楼。

宏村汪氏宗祠建于明代，为汪氏家族祭祀祖先和先贤的场所。

汪氏宗祠门楼又称五凤楼，为四柱三间贴墙门楼，三重檐。檐角塑有鳌鱼，龙头鱼尾。门楼正中砖雕竖刻朱红色"思荣"二字，字旁是"双龙抢珠"砖雕图案。明间字板书："世德发祥。"字四周砖雕为独占鳌头、狮子戏球等吉祥图案。整座门楼高大大方，气势恢宏，宣示家世的地位显赫与家族的门庭繁荣。

汪氏宗祠又称"乐叙堂"，有秩叙敦伦、永履和乐之意。祠内有《思齐公乐叙堂记略》，记录了宏村七十六世祖汪思齐，邀县尹黄讳彪为汪氏宗祠取名的全过程。其正文第一列的"弘"字，被重点加注，表明宏村原名"弘村"，为避讳而改成现名。堂内庭柱悬联："非因报应方为善，岂为功名始读书。"

南宋绍兴元年，宏村始祖汪彦济因遭火灾，举家从黟县奇墅村迁建于雷岗山一带，为宏村之始。后汪姓祖先在外做官、营商者大增，积累了大量的财富，纷纷在家乡购田置屋，修桥铺路。宏村逐渐形成了以血缘、地缘关系聚合的同宗同姓的民居村落。

【读后感】旧时乡村多为同宗同姓聚居，差别在于门第高低不同。

## 杰出人物赞颂匾额

上图拍摄自山东曲阜孔庙。下图拍摄自北京孔庙。额字为康熙帝御笔题书。传说初时曲阜孔庙万世师表匾是黑底金字，后各地统一为蓝底金字。

万世师表，康熙解释为：至圣之道，与日月并行，与天地同运，万世帝王，咸所师法。语出晋葛洪《神仙传》："老子岂非乾坤所定，万民之表哉；故庄周之徒，莫不以老子为宗也。"后万世师表匾额被摹刻颁给直隶各省府州县学悬挂。继而全国文庙都将万世师表匾额悬挂于正门。

曲阜孔庙大成殿的万世师表祖匾，悬挂二百八十二年后，于1966年被焚毁。现在的匾是由北京孔庙摹刻而来。

【读后感】航天科技发达或可让人飞向宇宙，然人伦之道仍属孔子之道。

拍摄自山东曲阜孔庙。额悬于孔庙大成殿进殿大门正中，为清雍正帝于雍正三年（1725）御笔题书。

生民未有，是孟子对孔子的高度评价，语出《孟子·公孙丑上》。

公孙丑问："伯夷、伊尹于孔子，若是班乎？"（伯夷、伊尹能够与孔子等量齐观吗？）孟子曰："否。自有生民以来，未有孔子也。"（不。自有人类以来，没有人能比得上孔子。）

【读后感】立德、立功、立言三不朽。立言，流传更为直观而悠远。

上图拍摄自成都武侯祠诸葛亮殿。额由清康熙帝十七子果亲王允礼书。下图拍摄自浙江兰溪诸葛八卦村。为八卦村丞相祠堂正殿匾额。

名垂宇宙，取自杜甫诗句："诸葛大名垂宇宙。"垂，留传。宇宙，上下四方为宇，古往今来为宙。此额是说诸葛亮名满天下，流芳百世。

浙江金华兰溪诸葛八卦村是迄今发现的诸葛亮后裔的最大聚居地。该村丞相祠堂另有匾额"伯仲伊吕"，取自杜诗"伯仲之间见伊吕"；"宗仰云霄"，源于杜诗"万古云霄一羽毛"；"管乐有才"，取自李商隐诗"管乐有才真不忝"。

【读后感】前人栽大树，不知后人能乘凉几时？

拍摄自成都武侯祠。武侯祠诸葛亮殿殿额。清人严树森书于同治十一年仲秋月。

匪皋则伊，出自晋人李兴《祭诸葛丞相文》："刑中于郑，教美于鲁；蜀民知耻，河渭安堵。匪皋则伊，宁彼管晏；岂徒圣宣，慷慨屡叹！"

匪，"非"的通假字。皋，皋陶，舜的狱官，历经尧、舜、禹三世，推行"五刑""五教"，使天下大治。伊，伊尹，辅佐成汤、太乙、太甲三位商王。伊是姓，尹是官职，相当于后世的宰相。匪皋则伊，指诸葛亮经国治民的才干与皋陶、伊尹不相上下。

【读后感】伟人伟绩，值得万世敬仰。凡人俗子，若有一句"他是个好人""他人不错""他活得潇洒"的评价，也已不错。

拍摄自成都武侯祠。悬挂在诸葛亮殿内的另一方横匾。清人冯昆书。

伊，伊尹。周，周公，西周初期杰出的政治家、军事家、思想家、教育家，被尊为"元圣"。经济，经世济民。《晋书·殷浩传》："足下沉识淹长，思综通练，起而明之，足以经济。"宋梅尧臣《汴渠》诗："我实山野人，不识经济宜。"《老残游记》第三回："听说补残先生学问经济都出众的很。"伊周经济，是赞颂诸葛亮有伊尹、周公一般经世济民的治国才干。

【读后感】时间的一维性，让先贤成为永远的"神话"。尊重先贤，是他们影响了历史的进程；超越先贤，那只能由历史去说了。

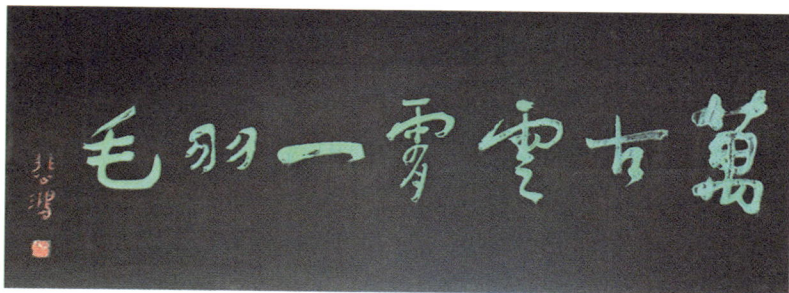

拍摄自成都武侯祠。徐悲鸿书。

额语出自杜甫《咏怀古迹·诸葛大名垂宇宙》："诸葛大名垂宇宙，宗臣遗像肃清高。三分割据纡筹策，万古云霄一羽毛。伯仲之间见伊吕，指挥若定失萧曹。运移汉祚终难复，志决身歼军务劳。"

"万古云霄一羽毛。"诸葛亮的三分霸业，在后人看来已是赫赫功绩了，其实只是他那万古云霄中的一羽耳。本来，他还可以施展更大的宏图。或理解为，诸葛亮展现出的才略仅如云霄中的羽毛，"才露一鳞半爪"。他的经世怀抱只是"百施其一"而已。

明代周珽《唐诗选脉会通评林》："……余谓鼎足之业，武侯自视不过万古云霄中一羽毛之轻，故下云'伯仲伊吕''运失萧曹'。"

【读后感】或重于泰山，或轻于鸿毛，由历史说。

拍摄自四川都江堰。伏龙观供奉光绪帝御书褒彰李冰功德的匾额。匾额正中有"光绪御笔之宝"玺印，刻游龙镶边。

司马迁《史记·河渠书》："于蜀，蜀守冰凿离堆，辟沫水之害，穿二江成都中。此渠皆可行舟，有余则用灌浸，百姓飨其利。"

李冰父子除沫水洪水之害，以行舟水运，灌溉农田，功于蜀民，为"功追神禹"的"川西第一奇功"，受历代王朝的尊崇和褒封。自五代后蜀始，宋、元、清数次敕封并御制匾额颁立于庙。

"功昭蜀道"为清光绪三年（1877）御制，由川督丁宝桢奏请。

匾额是奖赏制度的物化表征。皇帝御书的匾额称为龙匾。功昭蜀道，最能诠释李冰一生的功绩。

【读后感】人毕生功成一件，造福于民，已是伟业。

拍摄自四川成都惠陵寝殿。额文为清四川提督马维骐书。

惠陵为刘备与甘夫人、吴夫人合葬的陵墓，是武侯祠建筑群最早的建筑。陵墓由照壁、山门、神道、寝殿、墓冢等组成。公元223年，刘备病逝于白帝城，终年六十三岁，谥号昭烈皇帝，庙号烈祖，葬成都，时称惠陵。

千秋凛然，语出唐刘禹锡诗《蜀先主庙》："天地英雄气，千秋尚凛然。"诗句赞颂刘备以至大无垠的"英雄气"建蜀国，与魏、吴三分天下，此功绩千秋万载，凛然如生，永垂不朽。

寝殿置楹联："一抔土尚巍然，问他铜雀荒台，何处寻漳河疑冢？三足鼎今安在，剩此石麟古道，令人想汉代官仪。"清四川总督完颜崇实撰，刘孟伉补书。意谓：刘备的惠陵还巍然矗立着，试问漳河边荒芜的铜雀台旁，哪里还找得到曹操的假坟呢？三国鼎立的局面而今何在？剩下这古道和道旁的石麒麟，令人想起汉代朝廷的仪式排场。

【读后感】千古留名者，屈指可数。

185

# 旌表贺颂匾额

旌表，旧时多指官府为忠孝节义的人立牌坊、赐匾额，以示表彰。亦借指官府颁赐用以表彰的牌坊或匾额。这是统治者提倡封建德行的一种方式。

自秦、汉以来，历代王朝对所谓忠臣、义夫、节妇、孝子、顺孙、贤人、隐逸以及累世同居等大加推崇，往往由地方官申报朝廷，获准后赐以匾额，或由官府造石坊，以彰显其名声气节。

旌表若只是声望之类的无形奖赏，其吸引力必不大、影响力也不广。因此受旌表者还会有免除家族徭役、一大笔一次性奖励等福利，甚至可能获得一官半职。这种荫及后世子孙的优待，更容易刺激基层民众对旌表活动的支持和追捧。官府以此引导民间日常行为，将其约束在礼法纲常之内，实现掌控基层社会的目的。

古代的旌表对象主要包括用心王事、政绩突出、功勋卓著、伏节死义的文臣武将；事亲笃孝、居丧尽礼、割股疗亲、以身代亲、千里寻亲、迎归奉养等孝子顺孙；贤淑孝行、以死守节、信守贞节等节妇烈女；同居共财、同爨合食、尚义重礼等累世同居者；养恤孤寡、捐资赡族、助赈荒歉、捐修桥梁道路等乐善好施、急公好义者；以及不愿同流合污的隐逸士人、百岁以上的寿民，等等。

古代旌表所承载的愚忠惑民、束缚人性、戕害女性等思想意识是其糟粕，所提倡的孝以事亲、以报慈恩、乡间有礼、子弟有学、阖家和睦等传统人伦思想，又具有一定的积极意义。

## 科举功名匾额

左额拍摄自浙江兰溪诸葛八卦村。右额拍摄自福建南平武夷山。

明清时期的圣旨，主要有诏、制、诰、敕、谕五类，用法和效令各有不同。诏者，上所以告下也，有堂皇正大、广而告之之意，多用于国家大事、朝廷要务。制是由皇帝亲自草拟，其格式与重要性不逊于诏。诰和敕都有告诫、勉励的意思，多用于封赠等含有诫勉之意的事务。谕，本意为"使知晓，使明白"，一般用于具体的人与事，没有诏、制重大，如上谕、口谕。

各代朝政，圣谕下达都要凭借圣旨，接旨者的前景与荣辱都在方寸卷轴里。于是，臣民们以刻碑文、刻匾额、制牌坊等多种形式，彰显门庭，代代相传，福佑后人。

【读后感】封建社会里，皇权至高无上。

拍摄自安徽宣城泾县查济古村二甲祠。

二甲祠，又名光裕堂，建于清初，是查济村现存最完整的一座祠堂。

查秉钧，字衡仲，清光绪乙丑年中举，戊戌年进士及第，殿试二甲考一等，光绪帝钦点翰林院庶吉士。二甲祠由此得名。查秉钧之孙查全性，中国科学院院士，1977年，他参加邓小平主持召开的科教工作座谈会，首倡恢复高考制度。

翰林，中国古代官名，始于唐朝。清代设翰林院，主管编修国史、起居注，进讲经史，以及草拟有关典礼的文件；其长官为掌院学士，以大臣充任，属官如侍读学士、侍讲学士、侍读、侍讲、修撰、编修、检讨和庶吉士等，统称为翰林。

翰字本义指锦鸡，又指长而硬的鸟羽。羽毛可作为书写工具，所以翰借指毛笔和文字、书信等，如翰墨、挥翰、翰池。翰林，文翰如林。

明清时期，非进士不入翰林，非翰林不入内阁。翰林院成为进士通往高官的重要途径。科举考试殿试一甲前三名（状元、榜眼和探花）直接进翰林院任职。皇帝又从二甲和三甲中钦定选拔年轻又有才华的学子进入翰林院成为"庶吉士"。二甲三甲的其他学子大部分不得在京为官。因此，被钦点为庶吉士，也成为很多学子的梦想。

【读后感】"凤尾"比"鸡头"多高瞻远瞩，宁为"鸡头"不做"凤尾"者，格局小。

拍摄自安徽绩溪大坑口村。

"奕世尚书"坊，建于明嘉靖四十一年（1562）。四柱三门五楼式构造，高10米，宽9米。坊顶为歇山式。各正脊两端，鳌鱼对峙，八大戗角翘然腾飞。主楼正中置竖式"恩荣"匾，四周盘以浮雕双龙戏珠纹。下方花板南北两面，分别镌文徵明手书"奕世尚书"和"奕世宫保"。大额坊镂刻"双狮滚球""双龙戏珠""麋鹿相谐""鲲鹏展翅"等鸟兽形状，并配以云纹、如意纹等雕饰。

奕世，累世之谓，一代接一代。《国语·周语上》："奕世载德，不忝前人。"《后汉书·杨震传》："臣奕世受恩，得备纳言。"李贤注："奕犹重也。"《宋书·孔琳之传》："而传国之玺，历代迭用；袭封之印，奕世相传。"

该坊为户部尚书胡富、兵部尚书胡宗宪立。胡富是明成化戊戌科进士（1478），胡宗宪是明嘉靖戊戌科进士（1538），两人相隔六十年荣登金榜，故冠以奕世。

【读后感】奕世相传，实属不易。富不过三代，是平庸人家推卸责任的托词。

拍摄自安徽黟县西递村口"胡文光刺史坊"。

"胡文光刺史坊"建于明万历六年（1578）。该牌坊正楼匾的上方雕刻"恩荣"二字，下方雕的是"荆蕃首相"四字，其背面则是"胶州刺史"四字。

胡文光（1521—1593），西递明经胡氏十八世祖，明嘉靖三十四年（1555）进士，为官三十二年。因任山东胶州刺史时抗倭有功，升任河北荆藩首相，后归故里西递村善终。

整座牌坊高12.3米，宽9.95米，系三间四柱五楼的青石牌坊。各额枋都用透雕、高浮雕精细琢刻"群狮戏彩球""麒麟相拜""八仙过海""异兽出山"等图案和纹饰。该坊造型优美，雕工精湛，是明代徽派石坊的代表作。

【读后感】史书、石坊是树碑立传的载体，后人因对其陌生而一般待之。

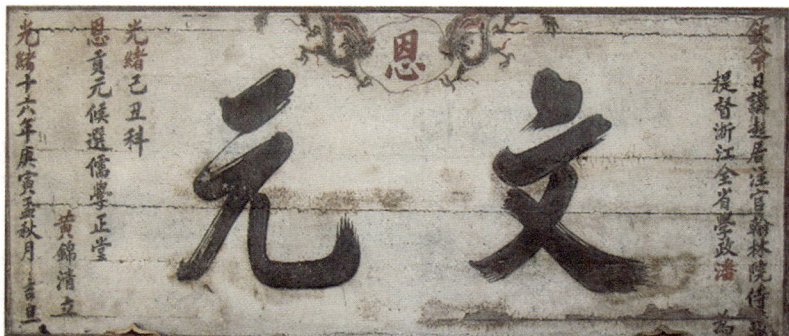

拍摄自浙江桐乡乌镇昭明书院。

明清时期乡试考中为举人。其第一名称为解元，第二名称为亚元，第三、四、五名称为经魁，第六名称为亚魁。前六名以下的统称文元，又称文魁。

此匾题匾者是"钦命日讲起居注官翰林院侍读提督浙江全省学政潘"。这里将其职官功名尽刻于上款，不仅彰显其地位，也是受匾人的荣耀。题匾日期为"光绪十六年庚寅孟秋月"。下款"黄锦清"是接受此匾的人。黄锦清中举光绪己丑科"文元"，候选儒学正堂。

科举是通过考试分科取士选拔官吏的一种制度。科举制从隋朝大业元年（605）开始，到清朝光绪三十一年（1905）最后一科进士考试为止，历一千三百多年。明清时期科举考试分五级：童试、院试、乡试、会试、殿试。乡试中举后，举人取得会试资格与初步入仕的资格，还拥有一定的特权，如免除部分刑罚和徭役、可以使用奴才、见官不用下跪，等等。由于乡试是全省秀才的残酷比拼，录取率仅5%左右，每三年才考一次，因而，中举实为不易。

【读后感】察举、科举、选举，此三种选才之道各有长短，均不可全盘否定。

拍摄自深圳龙岗区大鹏镇大鹏古城振威将军第。

大鹏古城即大鹏所城，始建于明洪武二十七年（1394），是明代为抗击倭寇而设立的海防军事要塞"大鹏守御千户所城"。深圳今称"鹏城"，即源于此。

大鹏所城是全国保存最完整的明清海防卫所。数座建筑宏伟、独具特色的"将军第"有序分布，其中以抗英名将赖恩爵的振威将军第最为壮观。

赖恩爵（1795—1848），字简延，清代抗英名将，官至广东水师提督，从一品。道光十九年（1839）指挥清军水师在中英九龙海战中击败英军。道光帝赏戴花翎，封"呼尔察图巴图鲁"，并升授副将。

花翎，是旧时皇帝特赐的插在官员帽上的装饰品，一般赏给对朝廷有特殊贡献的人。清代"花翎"分蓝翎、花翎两种。花翎又分一眼、二眼、三眼，三眼最尊贵。清初，六品以下的官员只赏蓝翎。五品以上赏单眼花翎。自乾隆朝至清末被赐双眼花翎的仅二十余人，被赐三眼花翎的大臣仅七人。这在当时是千古犹荣的恩宠。第一次鸦片战争后，因国库空虚，清朝开捐翎的例制。咸丰时，花翎每枝七千两，蓝翎四千两。花翎制宣告没落。

【读后感】荣耀感都有历史局限性，许多人只能追求现世的荣耀。

## 宗族治家匾额

拍摄自安徽歙县棠樾村。额悬挂在棠樾村清懿堂中堂正上方。

云，云孙。礽，亦作"仍"，仍孙。《尔雅·释亲》："晜孙之子为仍孙，仍孙之子为云孙。"刘逸生注："云礽，遥远的孙辈。"从自身开始算起，第一代本人，第二代为子，第三代为孙，第四代为曾孙，第五代为玄孙，第六代为来孙，第七代为昆孙，第八代为仍孙，第九代为云孙。"福我云礽"，即造福子孙的意思。

宋范成大《次诸葛伯山赡军赠别韵》："云仍无肖似，俯首媿前哲。"明李东阳《赠阙里孔以昌》诗："已向云仍占圣泽，还从伯仲识风标。"清龚自珍《己亥杂诗》之五九："端门受命有云礽，一脉微言我敬承。"

旧时女子，以父为天，以夫为天，以子为天，以牺牲小我成全家族的"大我"。文淳在书写清懿堂这块"福我云礽"额时，故意将"我"字的那一横断开，表达了鲍氏祖先对后代女子殉道立节的厚重期望。

【读后感】若一味追求"小我"的个性自由，哪有成全"大我"子孙的美丽？

拍摄自江苏吴江同里古镇嘉荫堂。嘉荫堂衍庆楼砖雕门楼
匾额。

嘉荫堂，建于1922年，房主柳炳南与柳亚子同宗。柳炳南
祖上在北厍有"绿荫堂"，被火焚毁。柳炳南到同里后，为纪
念"绿荫堂"，遂将新宅取名"嘉荫堂"。北京颐和园有"嘉荫
轩"，因建于两棵古槐的绿荫之间而得名，"嘉荫"意谓美好的
树荫。

嘉荫堂衍庆楼砖雕门楼上枋刻有"暗八仙"浅浮雕。字牌
"厚道传家"两侧兜肚刻牡丹、海棠。下枋中央部位刻有"福禄
寿"三星的深浮雕。暗八仙，中国传统装饰纹样之一，分别是
葫芦、团扇、花篮、渔鼓、荷花、宝剑、洞箫和阴阳玉板，是
八仙所使用的八件法宝，亦称"道家八宝"，具有祈福纳祥的
寓意。

"厚道传家"，诚恳宽容的待人之道世代相传。北宋苏轼曾
撰《三槐堂铭》，阐述了忠诚、厚道的家族能像诗和书那样在世

间长久流传的道理。后人从中延伸出一副楹联："忠厚传家久，诗书继世长"。

【读后感】厚道，不只是"厚"以待人之道，还有"厚"以处事之道、"厚"以治学之道、"厚"以养生之道，等等。

拍摄自江苏吴江同里古镇。陈御史府第宏略堂砖雕门楼匾额。

宏略堂是陈府的主体建筑，是主人接待达官贵人和举行婚丧等重大庆典的地方。"宏略堂"三字展示了主人"宏图伟略"的胸襟和抱负。堂内两副抱柱联："心气和平事理通达；德性坚定品节详明。""敦诗说礼揽英接秀；钩河摘雄奉魁承杓。"另有一副楹联："传家有道唯存厚；处世无奇但率真。"两侧耳门写有"咏仁"和"蹈德"。这些文字都表达了主人信奉儒家理念、追求修身齐家治国平天下的理想境界。

宏略堂砖雕门楼上面是砖雕斗拱和挂落，两边是狮子莲花挂柱和"群童舞龙""群童放爆竹"镂雕，上额枋是"缠枝牡丹富贵"，下额枋是"祥云仙鹤"。

儒风，儒家的传统、风尚。《南齐书·陆澄传》："今若不大弘儒风，则无所立学。"南朝梁刘勰《文心雕龙·时序》："华实所附，斟酌经辞，盖历政讲聚，故渐靡儒风者也。"唐韩愈《奉酬天平马十二仆射见寄之作》："威令加徐土，儒风被鲁邦。"克遵儒风，恪守、谨守儒风，强调家族自身精神素养，亦表明旧时儒风盛行。

【读后感】个人修养达到"事理通达"的境界便可以获得"心气和平"的享受。

拍摄自江苏吴江黎里镇柳亚子故居。

柳亚子故居原为清乾隆直隶总督、工部尚书周元理私邸，落成于1780年之前，宅名"赐福堂"，前后六进，备弄深达92.9米，有一百零一个自然间。1899年，柳亚子母亲向周氏后裔典租这座深宅大院的第四、五进，自老家汾湖大胜村迁入。时柳亚子年仅十二岁，起居于第四进。

厅前有砖刻仪门楼一座，中间写有许汝霖题的"诒谋燕翼"四字，上枋雕"百鸟朝凤"，下枋是"鲤鱼跳龙门"，左右兜肚上分别刻"进京赴考""衣锦还乡"。

诒谋，义同诒燕。指为子孙妥善谋划，使子孙安乐。唐李德裕《序》："臣伏思太宗往日之惧，致我唐百代之隆，则圣祖诒谋，可谓深矣。"《幼学琼林》中有"燕翼贻谋"。《诗经·大雅·文王有声》："诒厥孙谋，以燕翼子。"原指周武王谋及其孙而安抚其子。《诗经全译》中陈奂批注："诒，遗也；

燕，安；翼，敬。言武王以安敬之谋遗其孙子也。"古人常以"燕翼"为厅堂、楼宇立名、题额，取其深谋远虑、荣昌子孙之意。

【读后感】为父之时常思一己之为，为祖父之时常思子孙安乐。

　　拍摄自江苏吴江同里古镇退思园正厅。额字为书法家沈鹏所书。

　　退思园，俗称任家花园，始建于清光绪十一年（1885），落成于光绪十三年。园名源自《左传》："林父之事君也，进思尽忠，退思补过，社稷之卫也。"《孝经·事君章第十七》亦有："子曰：君子之事上也，进思尽忠，退思补过，将顺其美，匡救其恶，故上下能相亲也。""退思补过"的本义在于补救君王之过。任兰生贬官归田建退思园，寓韬光养晦之意，反思己过，仍持报效君王、效忠朝廷之志。其弟任艾生哭兄诗有"题取退思期补过，平泉草木漫同春"句。

　　退思园是"诗文造园"的典型。全园一改传统的前宅后园的纵向布局为西宅东园的横向布局，以春夏秋冬四景为展开主线，穿插琴棋书画四艺的构思，亭、台、楼、阁、廊、坊、桥、榭、厅、堂、房、轩，一应俱全。1986年，美国纽约市以退思园为蓝本，在斯坦顿岛植物园内建造了一座面积为3850平方英尺的江南庭园，取名"退思庄"。

　　荫，求祖荫；余，祈富余。荫余，祖荫浩大绵远，永世庇护子孙。荫余堂是退思园园主接待高贵客人和操办婚丧喜事的地方。"荫余堂"匾下置对联两副："水榭风来香入座；琴房月照静闻声。""快日晴窗闲试墨；寒泉古鼎自煮茶。"

【读后感】退，方知进之机会珍贵；进，往往忽视退之后的际遇。

## 重孝尊老匾额

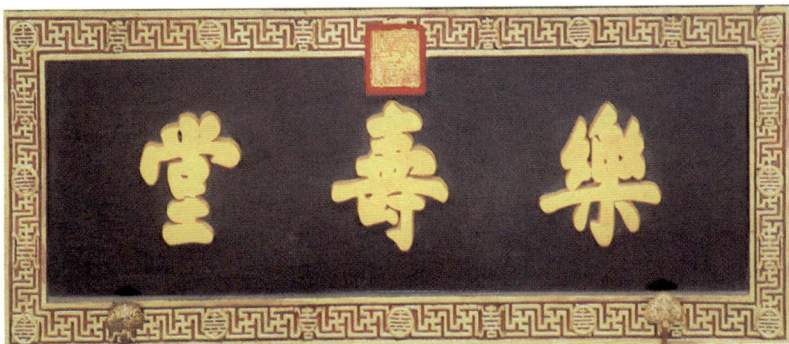

拍摄自北京颐和园。颐和园乐寿堂外匾。钤"光绪御笔之宝"印。

乐寿堂是颐和园居住生活区的主要建筑之一。原建于乾隆十五年（1750）。光绪十三年（1887）重建后成为慈禧在颐和园内的寝宫。

乐寿，取自《论语》："知者乐水，仁者乐山。知者动，仁者静。知者乐，仁者寿。"乾隆皇帝《御制诗·乐寿堂》自注："向以万寿山背山临水，因名其堂曰'乐寿'。屡有诗，后得董其昌《论古帖》，知宋高宗内禅后，有乐寿老人之称，喜其不约而同，因此名宁寿宫书堂，以待倦勤后居之。"

乐寿堂庭院内陈列铜鹿、铜鹤和铜花瓶，取意"六合太平"。其底座都刻有"天地一家春"的印章。院内植玉兰、海棠、牡丹等，寓"玉堂富贵"之意。慈禧太后小名叫"兰儿"，甚喜欢玉兰。

【读后感】"乐寿"，人皆持之。能不能"寿"，天知，地知，当事人不知。

拍摄自浙江富阳龙门古镇。

望重，名望大，所谓德高望重。庠，古代的学校。虞庠，西周的国学。《礼记·王制》："周人养国老于东胶，养庶老于虞庠。虞庠在国之西郊。"国老，指卿大夫一级年老致仕的贵族；庶老，庶民百姓中德高望重的长者。让"国老""庶老"在国学养老，并兼任学校的老师，传播知识，推广教化，可谓老有所养、老有所为。

旧时对德高望重、礼仪教化、办学出色的老者表彰，地方政府多赠予其"望重虞庠"牌匾，让一方百姓从官方的这种赏识中领悟到荣耀导向。

【读后感】荣耀，是人生永恒的追求，也是民族永恒的追求。建功立业、才比八斗、富可敌国、貌比西施，名利才色，哪一样不是为了让自己荣耀。站起来、富起来、强起来，也是为了民族的荣耀。荣耀，也是退休老人晚晴生辉的动力。倘若一个人不再追求荣耀，他的生命也就失却了社会属性。

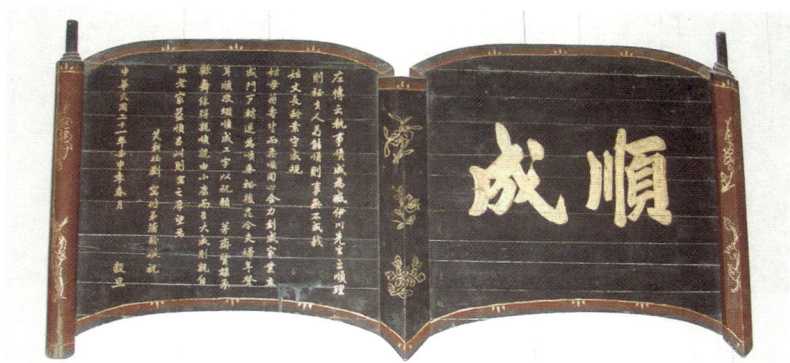

拍摄自浙江富阳龙门古镇老东西博物馆。此匾为祝寿额。款署"笑我狂刘寓偕弟蒲龄敬祝。于中华民国二十一年壬申季春月谷旦"。

匾额题跋以《左传》名句"执事顺成为臧"和伊川先生名句"顺理则裕"起意，说明顺则事事无不成。正是姑丈素守成规，姑母生而柔顺，同心合力，家业遂由小康而至大成。值姑丈姑母夫妇年登耳顺之时，敬缀"顺成"二字以祝愿。

古时祝寿类匾额，除了对高寿的期盼，更重要的是对受匾者的道德境界、道德原则的肯定和褒扬，以此认定其人生价值。

顺成，无论从政、经商、求学、家居生活，但凡顺应情理，遵照规则，相处便自宽裕畅达。

【读后感】相比之下，"寿比南山""福如东海"之类的祝寿语就显得平庸了。

拍摄自安徽宣城泾县查济古村。

"治家可法"匾制作于光绪二十九年，是陈家子婿庆祝陈老先生六十一岁寿诞的祝寿匾。匾文盛赞陈氏老人践行"君子不出家而成教于国，孝弟慈，所以修身而教于家"的事迹。

《大学》："所谓治国必先齐其家者，其家不可教，而能教人者，无之。故君子不出家，而成教于国。孝者，所以事君也；悌者，所以事长也；慈者，所以使众也。"《管子·小匡第二十》："制礼义可法于四方。"制定的礼仪足以使天下效法。匾文文末："翁之余事而不必赘述……四子而额之曰'治家可法'。"意谓陈老先生的治家之道足以让子孙后代效法。

【读后感】教子有方，治家有道，这是一个人社会价值的第二标尺。

214

## 贞节贤良匾额

拍摄自安徽歙县棠樾村。棠樾村清懿堂堂额。

清懿堂为全国唯一女祠堂，由棠樾村大盐商鲍氏二十四世祖鲍启运于清嘉庆十年（1805）创建。

旧时，女性祖先在祠堂中没有牌位，名字不能写入宗谱。清懿堂中女性祖先牌位却赫然立于享堂龛座上，其意在于感谢和纪念家族妇女在背后的默默奉献，鼓励女子多做节妇烈女。

"清懿堂"匾额题词出自书法家鲍钤之手，取意"清白贞烈、德行美好"。清，清清白白。懿，可拆字为"一次心"，一生只能付出一次真心，为夫殉节，方可入祠供奉。

一般祠堂都是坐北朝南，清懿堂却是坐南朝北。这种构思来自《易经》"男乾女坤、阴阳相悖"的哲理。既为女祠，当然得与男祠相反，可见女祠设计之良苦用心。

【读后感】贞操，于男于女都重要，不能廉价，也不能成为枷锁，个中的"度"全在于"良心"二字。

215

拍摄自安徽歙县棠樾村清懿堂。晚清重臣曾国藩手书。额中"两"字中间的笔画看起来像"求"字。"贞"是对丈夫,"孝"是对公婆,贞孝求两全,这是做媳妇的极致。此额是给清懿堂这座女性祠堂更精确的注释。

《民国歙志》载:棠樾鲍氏一门,在明清两代出现的贞节烈女达五十九人之多。"催乳哺弟""养老恤孤""舍身护婆""自缢殉葬""尼庵守贞""千里扶柩"……无一例外都是棠樾女子三从四德、贞烈节孝的故事。

清懿堂立的是贞孝节烈,装的却是封建礼教,掩饰不住男尊女卑的歧视。清懿堂的中堂挂的是男人图;女主牌位上方有一梁,中间锯断,意喻女人须为男人死,宁为玉碎,不为瓦全,不可苟且偷生。女祠正门为侧门向东,表明男祠可开正门,女祠只能走侧门侍服于男祠。

【读后感】男女皆能贞孝两全,一家人便尽享天伦之乐了。若是因为贞孝而必须从一而终,那就是一种残酷。

拍摄自浙江湖州南浔古镇小莲庄。

小莲庄是晚清南浔首富刘镛的私家花园。钦旌节孝坊，又称贞节牌坊。为表彰刘安澜妻子邱氏等三位刘氏家族女性恪守妇道守节不嫁而立。

钦旌节孝坊高8.5米，宽5.6米，三门四柱五楼，歇山顶，正楼额坊上悬雕龙牌匾，上书"圣旨"。坊心花板雕有"文王求贤"和"双龙戏珠"的浮雕。古代牌坊分御赐、恩荣、圣旨三等。御赐坊由国库出银建造。恩荣坊由地方出银建造。圣旨坊由地方申请，皇帝批准后由家族自己出钱建造。

旌，即官方旌表。节，节妇，指坚守节操，丈夫死后不再改嫁的妇女。孝，家境不利、命运不济时，仍奉孝道。

"钦旌节孝"坊三楼坊间记载了礼部三次奏请光绪皇帝批准旌表三位刘氏家族女性的请旨过程。内联为："节懔冰霜一片丹忱征止水，光依日月十行紫诰勒贞珉。"外联为："矢志柏舟坚如金石，承恩枫陛寿永河山。"另一面也置两副楹联，内联为："刊石树芳型不负坚贞盟志日，旌门光盛典欣逢慈圣祝厘年。"外联为："巾帼有完人足光史笔，簪缨继光胄永宝宸章。"

【读后感】不再改嫁者众多，世间又有几座贞节坊？

拍摄自江西宜黄棠阴镇。

棠阴镇是江西历史上的四大名镇之一，始建于北宋天圣九年
（1031），原名陂坪。临川吴竦来此肇基，亲植甘棠树于村道边，
祝曰："汝茂，吾子孙亦昌茂。"甘棠树葱茏挺拔成荫，其子孙
亦兴旺发达。后人遂以吴竦之宏祝，取"甘棠茂荫"之意，改陂
坪为棠荫，后又改称棠阴。

"三让遗风"为棠阴现存古建筑之一。"三让"指泰伯三次
禅让天下，让位给三弟季历、三弟之子姬昌、二弟仲雍。司马迁
《史记》将泰伯列为"世家"第一。后世吴氏以泰伯为荣，其建
筑物多以三让为额。如福建厦门鼓浪屿永春路69号欧式老别墅
为旅居南洋吕宋（菲律宾）的华侨吴先生于1920年依山而建，其
门楼匾额亦置"三让遗风"。

浙江兰溪市永昌街道社峰村建村于南宋宝祐年间（1253—
1258），世居吴姓，为延陵季札后裔。仲雍十九世孙吴王寿梦有
四子。寿梦有意传位于四子季札。季札效仿先祖泰伯不受，避居
延陵（今江苏江阴申港一带），世称延陵季子。季札礼让王位，

史称"后三让"。社峰村吴氏家庙置额"三让遗风",勉励子孙不忘泰伯、季札等先祖之德,谦逊待人,敦厚常存。

【读后感】世上多一些"三让",便少一些钩心斗角。这或许只限于美好愿望。

拍摄自安徽歙县棠樾鲍氏支祠享堂。

棠樾鲍氏祠堂，位于歙县棠樾村棠樾牌坊群西，分为鲍氏支祠（男祠）、清懿堂（女祠）、世孝祠三座。鲍氏支祠，名敦本堂，又称万四公支祠。明嘉靖年间兴建。清嘉庆二年至六年（1797—1801）鲍志道出资重修。

敦本，原意为注重根本。本，古时多指农业。《宋书·武帝纪中》："公抑末敦本，务农重积，采繁实殷，稼穑惟阜。"唐孟郊《蓝溪元居士草堂》诗："读书业虽异，敦本志亦同。"旧时广大乡村多以耕读传家、敦本睦族为处世、立世根本所在。鲍氏祠堂起名为"敦本堂"，意指宗族须盘根念祖，忠厚本分，睦亲务实。鲍氏敦本堂正中悬挂鲍氏祖先画像，堂内保存完整的鲍氏宗族管理制度碑刻和《嘉庆上谕三道碑》，充分显示了棠樾鲍氏家族的显赫。

敦本堂并非鲍氏宗祠独设。玉林市兴业县蒲塘镇梁氏古宅亦有敦本堂，额下置一藏头联："敦崇诗书执礼，本务孝悌力田。"传为梁家诗书继世、孝义传家之宗旨。湖南汝城叶氏家庙中厅亦为敦本堂。歙县北岸镇大阜村潘氏宗祠第四进正厅享堂悬"敦本堂"匾。"敦本"成为许多宗祠沿用的堂号。

【读后感】注重优良家风的养成与传承，是家族兴旺的根本所在。

## 济危解困匾额

拍摄自安徽省绩溪县龙川村。丁家祠堂横匾。丁家祠堂系胡氏宗祠副祠。

龙川村形似大船。皖南话的"胡"与"浮"发音相近。船不能老是"浮"着，便请丁姓人家落户于村并成为胡氏祠堂的看祠人。从此，龙川村胡氏风生水起，枝盛叶茂。

"邦家之光"匾是胡氏为褒奖丁氏世代替胡氏守祠之功而立。只是其中的"邦"字一撇没有出头，耐人寻味。

邦，诸侯国。家，大夫的封地。《诗经·小雅·南山有台》："乐只君子，邦家之光。"乐府《福顺乐》："上天垂景贶，哲后举鸾觞。明德今方祚，邦家万世昌。"

【读后感】更多的人将感恩限定在一定范围内。否则，让他出了头，我怎么办？

拍摄自云南丽江大研古镇木府忠义坊。

忠义坊，明万历四十八年（1620）木氏土司建。时明朝内忧外患，忠于明朝皇帝的丽江第十九代土司木增，用马帮驮万两金银，万里迢迢到京城进贡，以解朝廷战事之需。明神宗大受感动，钦赐"忠义"二字，并敕建忠义牌坊。

此坊通体皆石，为采自下虎跳金沙江边的汉白玉。三门四柱六檐。高三丈三，象征"上有三十三重天"，宽二丈八，寓意"二十八星宿"。前立狮四，后安鳌二，坊顶向内立望出犼二，愿主人早出门视事；向外立望归犼二，祈主人平安归来。主楼正中上方置"圣旨"二字，下方匾额镌刻"忠义"。这座结构宏伟、雕刻精湛的石雕建筑远近闻名，民间有"大理三塔寺，丽江石牌坊"的说法。原石坊于"文革"期间被拆除。现石坊为1996年重建。

【读后感】忠、义虽常被奸佞利用而陷自身于困境，仍是正确的处世之道。

拍摄自贵州省贵阳市花溪区青岩古镇赵公专祠。

青岩古镇始建于明洪武十年（1378），为明清两代军事重镇。古镇有各类文物景点近百处。

赵公专祠建于清同治年间，为青岩团务总理赵国澍（字畏三）之专祠。由山门、通道、过厅、两厢房及大殿组成。清同治二年（1863），赵国澍进攻灯花教何得胜部阵亡。清廷追封他为太常寺卿，赏骑都尉，准世袭，并降旨建赵公专祠。

"一乡称善"额悬于赵公专祠过厅门楣。门两侧抱柱联：居乡能孚望四民讲武勤耕安梓里，立身凛君子三畏达材成德喜佳儿。联中暗喻赵国澍的字畏三。联中"四民"指士、农、工、商；"三畏"，《论语·季氏》："君子有三畏：畏天命、畏大人、畏圣人之言。"

《刘氏善举》文中有"乡里咸称其善"句。原文："刘氏者，某乡寡妇也。育一儿，昼则疾耕作于田间，夜则纺织于烛下，竟年如是。邻有贫乏者，刘氏辄以斗升相济。偶有无衣者，刘氏以己之衣遗之。乡里咸称其善。然儿不解，心有憾。母诚之曰：'与人为善，乃为人之本，谁无缓急之事。'母卒三年，刘家大火，屋舍衣物皆尽。乡邻纷纷给其衣物，且为之伐木建第，皆念刘氏之情也。时刘儿方悟母之善举也。"

青岩民众立"一乡称善"匾以盛赞和纪念赵国澍的德迹。

【读后感】百姓心中自有碑。"善言"与"善举"，实为两回事。

拍摄自安徽泾县查济古村。

一乡善士，语出《孟子·万章下》："孟子谓万章曰：'一乡之善士斯友一乡之善士，一国之善士斯友一国之善士，天下之善士斯友天下之善士。以友天下之善士为未足，又尚论古之人。颂其诗，读其书，不知其人可乎？是以论其世也。是尚友也。'"

旧时，官衙或民间对治家有方、内睦宗族、外和乡里、义举社会、乐善好施、止恶扬善、德高望重，或慷慨出资济贫扶困、修筑堤埂、抵御水患、迁移灾民等善举，有的会相赠以匾，以褒扬其风节。此类匾中所提人物虽不见于经史记载，善行仅限于地方乡村，却是底层社会正气的真实呈现。

查济古村这一"一乡善士"匾，颁发何人，不见记载。但匾文上款题有"大总统题褒"。匾文上端中央有印章，印章字样已被磨除。

查有关匾额资料，民国总统徐世章所题褒匾，上款亦有"大总统题褒"字。而匾文上端中央盖中华民国总统的荣典之玺印章。查济古村的"一乡善士"匾，是民国哪位总统所题，不得而知。

【读后感】善行各阶层皆有。扬善抑恶，如成风尚，太平盛世至矣。

　　拍摄自浙江省天台国清寺。从字形看，匾中"知恩"二字稍大，"报恩"二字稍小，象征着所受恩惠巨大，所给报恩很小，永远报不尽的恩。

　　《诗经》："投我以木桃，报之以琼瑶"。《弟子规》："恩欲报，怨欲忘。报怨短，报恩长。"古训"滴水之恩，当涌泉相报"。韩信"一饭千金"，孙权建寺报恩。许多关于感恩的古训和故事家喻户晓、耳熟能详。

　　1980年，赵朴初为中国佛学院题写院训：知恩报恩。他在佛学院毕业典礼大会上说："知恩报恩"这四个字很重要，首先是要知恩，然后才有发愿报恩。所谓报恩，就是要报四重恩：报父母恩、报众生恩、报国家恩、报三宝恩。

　　【读后感】起点是"受恩莫忘"，然后是"知恩报恩"。然而，许多人似是报一次恩便已心安。焉知所受恩泽更多时候是人生的转折点。若无那一次恩泽惠己，便无机会踏上新途，或会断送一生光明。所以，恩，是永远报不尽的。

## 医德教泽匾额

拍摄自湖南长沙。额悬于岳麓书院讲堂大厅。鎏金木匾。康熙御笔。

讲堂，为岳麓书院主体建筑。讲堂大厅悬两匾：一为"学达性天"，康熙帝御赐，原额被毁，1983年依康熙字迹重刻；二为"道南正脉"，乾隆帝御赐。

"学达"取自《论语》"下学而上达"，通过"下学人事"而"上达天理"；"性天"取自《中庸》之"天命之谓性，率性之谓道，修道之谓教"，通过学习养性，使"性"与"天"齐，塑造"内圣外王"的理想人格。

"学达性天"，康熙帝于1686年御赐，用以表彰岳麓书院传承理学的贡献，勉励书院培养有道德品性的人才。

岳麓书院重视人才的品德操行、性格意志的磨砺塑造。胡宏提出"达则兼济天下，穷则兼善万世"；周敦颐自勉"出淤泥而不染"；张栻要求学生"明道以济斯民"；曾国藩提倡"内为专静纯一，外为整齐严肃"；左宗棠表示"身无半亩，心忧天下"。湖湘学派自宋代发轫以来一直倡导"求仁履实"，主张"清心以淡其利，静心以蓄其能，养心以修其德，用心以尽其责"。而修身持志、知责尽责是为政之要、事业之基、快乐之源。

【读后感】敢于担责，是成事之本、为人之本。缺失责任感者，应敬而远之。

拍摄自浙江湖州南浔古镇小莲庄嘉业堂藏书楼。

"钦若嘉业"匾，九龙金匾。据传，南浔刘家曾在清末给清皇陵捐钱植树。清逊帝溥仪感其为善举、功德，遂赐该匾以示褒奖。

嘉业藏书楼，系南浔"四象之首"刘镛之孙刘承幹于1920年所建。刘承幹（1882—1963）自我评价"生平嗜书，与世俗之珠玉货财同"。鉴于前人"聚而旋散"，遂"廉金十二万，拓地二十亩"，于小莲庄刘氏家庙边建藏书楼。1924年岁尾竣工后，以"钦若嘉业"匾文的"嘉业"二字冠名书楼。

嘉业堂藏书楼鼎盛时期藏书五十几万卷。1951年11月，刘承幹将嘉业堂藏书楼及所藏十余万册古籍、三万片雕版和园林一并捐献给浙江图书馆。

【读后感】审时度势，捐出藏书楼，已不止"钦若嘉业"之本义了。

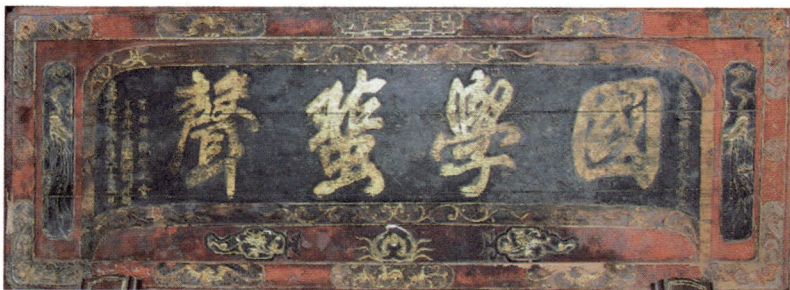

拍摄自浙江桐乡乌镇昭明书院。

南朝梁昭明太子萧统曾在此筑馆随梁武帝时期的尚书沈约读书，书院遂得名"昭明"。萧统编纂的《昭明文选》"丽而不浮，典而不野"，是古代读书人案头必备的文学读本。现存昭明书院为2004年重建。书院悬"国学蜚声"与"文元""经元""监元""文魁""贡元"等科举牌匾，标示乌镇曾经的文化辉煌。

国学蜚声，既指中华文化之浩瀚，又指昭明书院传播国学之美名远扬。

【读后感】文脉悠远深邃浩大。人若能沾其滴水之露，已然伟大。

拍摄自浙江绍兴越城区三味书屋。

三味书屋，为晚清绍兴府城内著名私塾。鲁迅曾求学于此。塾师寿镜吾在这里坐馆教书达60年。鲁迅称赞他为"本城中极方正、质朴、博学的人"（鲁迅《朝花夕拾·从百草园到三味书屋》）

匾额"三味书屋"四个楷体字，为清代书法家杭州人梁同书所书。

"三味"，有多种释义。其一为读书感受的比喻："读经味如稻粱，读史味如肴馔，读诸子百家味如醯醢。"三种体验合称为"三味"。

其二出自宋代李淑《邯郸书目》："诗书味之太羹，史为折俎，子为醯醢，是为三味。"把诗书子史等书籍比作佳肴美味，喻指很好的精神食粮。

其三指"布衣暖，菜根香，诗书滋味长"。谓寿氏祖训：要当百姓，不去当官；要粗茶淡饭，别贪山珍海味；要认真体会诗书深长的滋味。

其四，"三味书屋"原为"三余书屋"，取《三国志》裴松之注，引董遇言："为学当以之余，冬者岁之余，夜者日之余，阴雨者晴之余。"意示人们应把握时间，努力学习。书屋易主寿氏后，寿镜吾的祖父寿峰岚引苏轼"此生有味在三余"的诗句，将"余"字改为"味"字。

【读后感】若无鲁迅，人间不得"三味"之争执。

拍摄自山东淄博周村区王村镇西铺村毕自严故居（蒲松龄书馆）。

"绰然堂"，原建于明崇祯七年（1634），为明崇祯朝户部尚书毕自严晚年为子孙专门设立的"学堂"，也是蒲松龄在毕府坐馆教书、读书、著述和冬日休息的地方。其建筑物于光绪三十年间（1904）倾圮。1984年在原址重建。

绰然堂匾，木质。"绰然堂"三字为阳文，隶书。款识"崇祯甲戌、白杨老人题"。"崇祯甲戌"即崇祯七年（1634），白杨老人即毕自严。该匾原件于1956年被征集到蒲松龄故居。

"绰然"，绰然有余，出自《孟子·公孙丑下》："我无官守，我无言责也，则吾进退，岂不绰绰然有余裕乎哉？"。

蒲松龄当年在"绰然堂"坐馆教书达30年之久，先后课学毕际有的八位孙子。《聊斋志异》及大量诗词皆出于此。其《绰然堂会食赋》至今脍炙人口。

绰然堂门前古井——白阳井，据说是毕自严亲自挖掘，因其号白阳老人而得名，迄今已400多年。

【读后感】绰然有余，物质生活如此，精神生活如此，人生足矣。

## 婚喜寿庆匾额

左上图"福"拍摄于浙江兰溪诸葛八卦村大公堂；右上图"福"拍摄于美国马里兰州某中餐馆；下图"福"拍摄于安徽黟县宏村承志堂。

诸葛八卦村大公堂的"福"字，部首由鹿和鹤组成，鹿代表"禄"，鹤代表"长寿"，一个福字寓意"福、禄、寿"齐全。

宏村承志堂这个"福"字，四周围四只蝙蝠，寓意五福临门。福字上面雕刻"百子闹元宵"图。100个小孩舞着各式各样的灯笼，敲锣打鼓、踩高跷、划旱船，千姿百态，表达了多子多福的美好诉求。"福"字匾下置一副对联："快乐每从辛苦得；便宜多自吃亏来。"抱柱联为："读书好营商好效好便好，创业难守成难知难不难。"抱柱联上联中最后一个"好"字，"女"小"子"大，代表男尊女卑；下联四个"难"字字体各异，寓意重重困难，每一困难都不同，惟迎难而上攻克，困难就不复存在。

马里兰州某中餐馆这个"福"字形象地表达了家和子孙旺、家有良"田"财富多的良好愿望。

【读后感】多福自求。祖荫之福、命中之福都只是其中要素，绝不是唯一。

拍摄自江苏苏州吴江黎里古镇柳亚子故居。

赐福堂为清乾隆直隶总督、工部尚书周元理私邸。原匾"赐福堂"系清乾隆文渊阁大学士嵇璜所制，材质为柏木，宽2.7米，高1.02米。现悬于赐福堂的匾额系依陈列的原残匾复制。

周元理曾蒙乾隆帝恩赐御书"福"字达十三个之多。周衣锦还乡后，将其中八个"福"字制成匾额高悬于厅堂之上。厅堂更名为"赐福堂"。

"赐福堂"有两副楹联。其一：座上珠玑昭日月，堂前黼黻焕彩霞。其二：蒙恩受福，九如天保答龙光；积善余庆，百代云仍承燕翼。

【读后感】祖荫为福，福祐后人。平常人则以健康平安快乐为福。

拍摄自浙江绍兴鲁迅祖居。

周氏家族曾是绍兴名门望族，共拥有三个台门。鲁迅的祖父周福清是清同治十年（1871）辛未科进士，翰林院庶吉士。因此周氏台门门楣都悬翰林匾。所谓台门，指绍兴的目字型建筑，如北京的回字形建筑称四合院一般。

鲁迅祖居是最早的台门，称为周家老台门。鲁迅祖辈世居于此。鲁迅祖居建于清乾隆十九年（1754），是绍兴保存最为完好的清代建筑。

德寿堂为周家老台门的第二进，绍兴俗称为"大堂前"，是周氏族人的公共活动场所，凡有喜庆、祝福及宴会宾客，均聚集于此。厅堂正上方与周家各台门一样高悬"德寿堂"匾，其"德寿"取积善有德、福禄长寿之意。德寿堂原名"宁寿堂"，清道光帝时为避皇帝"旻宁"名讳，改为德寿堂。

"德寿堂"匾下置联："福禄欢喜长生无极，仁爱笃厚积善有征。"

【读后感】有德只是长寿一要素。长寿者并非人人有德。

拍摄自安徽歙县棠樾村鲍氏支祠敦本堂享堂。

慎终追远，源自曾子语录。《论语·学而》："曾子曰：'慎终追远，民德归厚矣。'"汉代孔安国注曰："慎终者，丧尽其哀；追远者，祭尽其敬。君能行此二者，民化其德，皆归于厚也。"

"慎终"，慎重地对待死者；"追远"，追念祖先。对死去之人的丧礼要"尽其礼"，对祖先的祭祀要"尽其诚"。居丧守礼，让百姓在敬畏与感恩中争着孝敬亲人、敬重祖先、敦睦同族，社会整体的道德水平就会大大提高。

敦本堂用此额训导后人要时时回想起祖先的功德和所得到的恩荣，谨慎地保持节操并教训好子孙。该匾额下方是鲍家比较显赫的祖先画像。画像两旁有联句："勋业有光昭日月，功名无间及儿孙"。

【读后感】一个缺失生命敬畏意识、不肯对先人感恩的人，其"德"不可能"归厚"。

# 述志明理匾额

匾额让一座建筑从单纯的物质场所升华为精神意境所在。它承载着制匾者的人生哲学、道德文章、襟怀志向和爱好缘由，彰显着家庭的门第层次、道德修养、处世哲学、精神寄托以及对未来的追求，成为一个家族的门脸、一个志士仁人的宣示。

制匾者用一方小小的匾额书写着属于自己的精神天地，有明志自省的，有彰道明理的，有抒怀胸臆的。这份精神承载物，不私藏、不束之高阁，而是被立于墙上、门楣等显眼的位置，为人所见，感人所感，昭示民众，激励后世之人，将美好的品质流传承接。

褒扬节操风范的匾额，令人肃然起敬；修身养性的匾额，具有座右铭式的意韵，给人以深刻启迪；揭示哲理的匾额使人大彻大悟，茅塞顿开；言志抒情的匾额或慷慨激昂，或婉转细腻，激发读匾者向往奋进，希望无限，豪情满怀。

　　匾额使物象获得"象外之境，境外之景"的灵气和生气。精练凝重、寓意深邃的述志明理匾额更具有强烈的艺术感染力和自勉、教化的作用。

## 明志自警匾额

拍摄自山东曲阜孔府。额悬于孔府二堂。

节，气节和节操。《咏史》诗有"功成耻受赏，高节卓不群"的名句。并，同、齐。筠，原意为竹子的青皮，后引申为竹子的别称。松岁寒不凋，竹宁折勿弯、未曾出土先有节，这些品性历来受人们称颂，并用以自比和比人。

曲阜孔府二堂是当年衍圣公会见四品以上官员的地方。此处高悬"节并松筠"额，盛赞孔子之节气，同时警示孔氏后人修身守节，不忘宗本。

【读后感】节气高尚值得称颂。惜乎，撞在厚黑者面前，常常头破血流。

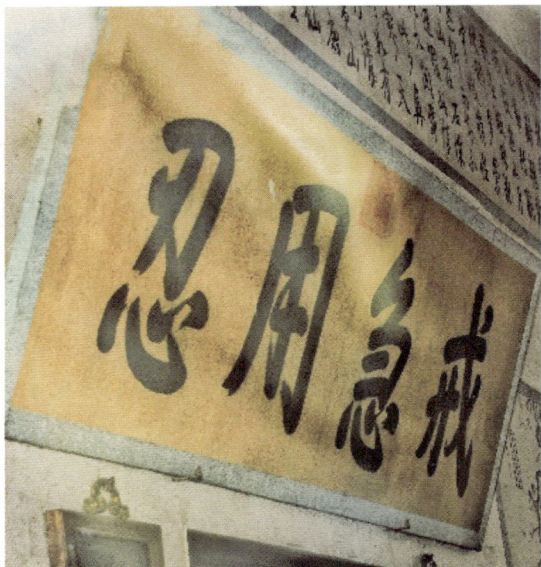

拍摄自河北承德避暑山庄。

戒急用忍，原是清康熙帝教育胤禛的训词。他察觉胤禛微有"喜怒不定"，遂引用佛经中"浮生如茶，破执如莲，戒急用忍，方能行稳致远"诫勉。希望胤禛能有苏轼《留候论》中表达的"猝然临之而不惊，无故加之而不怒"的人生修养。胤禛继承皇位后，手书"戒急用忍"制成匾额悬于养心殿。他自述："皇考每训朕诸事当戒急用忍，率降谕旨，朕敬书于居住处之所，以警观瞻。"还自题对联以明心志："俯仰不愧天地，褒贬自有春秋。""有志肝胆壮，无私天地宽。"这是他"体圣祖之心以为心，法圣祖之政以为政"的清晰写照。

咸丰十年（1860），英法联军入侵北京，咸丰帝至热河避难，重书"戒急用忍"四字制成匾额悬于烟波致爽殿东次间的过门墙上。

"戒急用忍"为古汉语倒装句，其义即"用忍戒急"：用忍耐的态度戒除急躁的脾气。"忍"是非常重要的德性涵养。善于控制情绪，保持平和、清省，才能做出相对正确的判断。

【读后感】隐藏自己的真性情，守住事物演变的趋势，是为忍。

　　拍摄自苏州艺圃。艺圃住宅区砖雕门楼额。款识："道光癸卯夏日榖旦，吴县郭治丰，时年七十有三。"额左右为圆形夔龙纹，上为莲枝纹，下为回纹雕饰。门楼龙纹脊头，垂脊雕饰石榴、寿桃，是艺圃最为精美的一座砖雕门楼。

　　刚健中正，语出《周易·乾·文言》："乾始能以美利利天下，不言所利，大矣哉。大哉乾乎，刚健中正，纯粹精也。"乾为天，上天把美满的利益施与天下，却从不提起自己的恩德，这真是伟大！伟大的上天！刚强、劲健、适中、均衡，达到了纯粹精妙的境地。

　　刚，阳刚，指乾之体。健，健行，指乾体之用。中，和中，指乾之"利"。正，即乾之贞。朱熹说："刚以体言；健兼用言；中者，其行无过不及；正者，其立不偏。四者，乾之德也。"（《周易本义·文言传》）

万物资始，各正性命。人应效法天地，通体不杂，居中守正，刚健有为，不断前进。所谓"天行健，君子以自强不息；地势坤，君子以厚德载物"。

刚健中正者，气自浩然，可临大节而不夺，负重任而有担当。此为每个人应持的人生态度与价值取向。

【读后感】人类受恩于太阳。太阳在银河系运行，所为何？不知。

拍摄自苏州艺圃。艺圃住宅区双面砖雕门楼，其南有"经纶化育"；其北作"执义秉德"。清水砖细贴面，无雕花相饰。

义，天下合宜之理。执义，始终如一坚持公正、合理。《诗·曹风·鸤鸠》："淑人君子，其仪一兮。"汉郑玄："仪，义也。善人君子其执义当如一也。"

秉德，保持美德。《楚辞·九章·橘颂》："独立不迁，岂不可喜兮。深固难徙，廓其无求兮。苏世独立，横而不流兮。闭心自慎，终不失过兮。秉德无私，参天地兮。"屈原以四言的形式，用拟人的手法从各个侧面赞颂橘树：卓然独立从不变易，根深坚固难以动摇，心胸坦荡别有希冀，清醒不俗独立于世，宁愿横渡不随波逐流，断绝私欲谨慎自守，坚守美德从无偏私，品行高尚德配天地等多种优秀品性，借以表达自己追求美好品质和理想的坚定意志。

屈原的高风亮节成为后世文人的榜样。清同治状元陆润庠曾题对联："函珠怀宝欢乐有福，执义秉德居处常安。"康有为曾行书题匾"执义秉德"。民间通用贺寿联中也有"含和履巾执义秉德，驾福乘喜获寿保年"。

【读后感】人或皆有德。有一己之德，有一时之德。德配天地者，不多。

## 修身敬业匾额

拍摄自山东曲阜孔府。额悬于孔府二堂。为乾隆帝御书题赐。乾隆帝尊孔崇儒，先后九次到曲阜朝圣。

诗书礼乐，本指儒家经典《诗经》《尚书》《仪礼》《乐经》，代指儒家思想、文化。西汉戴圣《礼记·王制》："乐正崇四术，立四教，顺先王《诗》《书》《礼》《乐》以造士。春秋教以《礼》《乐》，冬夏教以《诗》《书》。"司马迁《史记·孔子世家》："孔子以诗书礼乐教，弟子盖三千焉，身通六艺者七十有二人。"

在儒家看来，诗书礼乐的教化作用巨大。《礼记·经解》："孔子曰：入其国，其教可知也。其为人也：温柔敦厚，《诗》教也；疏通知远，《书》教也；广博易良，《乐》教也；洁静精微，《易》教也；恭俭庄敬，《礼》教也；属辞比事，《春秋》教也。"

泰山孔子庙大殿有联："诗书礼乐，崇百王法度；仁义忠信，设万世纲纪。""今古登临多少人；信惟孔子小天下。"道出了诗礼传家、尊孔重儒的重要。

【读后感】在崇尚诗礼的社会氛围里，以诗礼待人处事，蔚然成风。

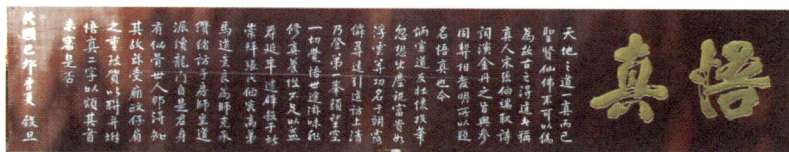

拍摄自四川都江堰青城山上清宫。

匾文所题"古之得道者称真人宋张伯端取诗词演金丹之旨"，指北宋张伯端所撰道教典籍《悟真篇》。

张伯端（984—1082），字平叔，号紫阳，天台人，北宋著名高道，被尊为"南宗始祖"。张伯端主张"教虽分三，道乃归一"，将儒家的"穷理尽性"、佛教的"明心见性"引入道教的内丹炼养，认为以人体为鼎炉，以人的身心中的精气为药物，以神为火候，通过内炼，可使精气凝聚不散，结成"金丹大药"。清雍正帝对张伯端的"三教归一"思想推崇有加，敕封张伯端为"大慈圆通禅仙紫阳真人"，将其《悟真外篇》收入《御选语录》。

《悟真篇》总结了宋代以前的内丹理论及方法，用诗词的形式阐述内丹修持之道，弘扬三教归一之理。全书由诗词歌曲等体裁写成，包括七言四韵十六首，绝句六十四首，五言一首，续添西江月十二首。主张通过修养，达到虚寂无为，返本还原，与道体合一之境界。《四库全书》将《悟真篇》与汉代魏伯阳的《周易参同契》并称"丹经王"，为历代道教徒最为推崇的两部炼丹经典，也是世俗中气功养生的核心经籍。

【读后感】得生命真谛，立治世之道，"三教归一"又有何妨？

　　拍摄自江苏吴江同里古镇陈御史府第。

　　《文心雕龙·封禅》："经道纬德，以勒皇迹。"封禅是古代帝王所谓"功成治定"之后祭告天地的典礼。"封"指祭天，"禅"指祭地。封禅之文为封建文人重视的文体。"经道纬德"，以经纬相织比喻组织文辞，颂扬其功德。

　　北京清漪园早期建筑之一的鉴远堂匾亦为"经道纬德"。当年乾隆帝给母后请安后常在鉴远堂用膳和批阅奏折。他写过二十六首关于鉴远堂的诗作，并在《作鉴远堂诗序》中解释鉴远堂名称的涵义："祠旁建屋数宇，开窗纵目，一碧万顷，因题曰鉴远堂。"其意为"纵目远眺"，以此提醒自己要有远见卓识。

　　古人织物的线条，纵者为经，横者为纬，经纬交织而成布帛。《左传·昭公二十五年》："礼，上下之纪，天地之经纬也。"孔颖达疏："言礼之于天地，犹织之有经纬，得经纬相错乃成文，如天地得礼始成就。"鉴远堂的"经道纬德"额，意在警示须以道德为治世纲领。

同里御史第侍御坊"清朝侍御"额，系明万历皇帝朱翊钧赐书。这里的"经道纬德"或为颂扬功德义，又不乏以道德持家的意思。

【读后感】人行世之言行、治家之方略，纵横皆有道德，是兴旺的基石。

# 仁風德化

拍摄自江苏吴江同里古镇陈御史府第。

仁风，仁德之风。《后汉书·章帝纪》："功烈光于四海，仁风行于千载。"亦指仁政或恩泽德惠普施有如风之流布。多用以颂扬人的德政。唐张衮《梁郊祀乐章·庆休》："大业来四夷，仁风和万国。白日体无私，皇天辅有德。"

德，道德，品行，品质，亦指恩惠。化，影响。德化，谓以德行感化。《韩非子·难一》："舜，其信仁乎！乃躬藉处苦而民从之。故曰：圣人之德化乎！"《后汉书·鲁恭传》："恭专以德化为理，不任刑罚。"《尹文子》："尧德化布于四海，仁惠被于苍生。"

【读后感】恩施于人，德施于人，此为人心所向之缘由。

## 亲贤远佞匾额

拍摄自北京故宫。紫禁城养心殿西暖阁内匾。雍正帝御笔。纸匾。

雍正帝在位期间是有名的勤劳亲为。他自诩"以勤先天下""朝乾夕惕"。他的一系列社会改革为康乾盛世奠定了重要基础。在"勤政亲贤"匾两侧，是雍正帝御笔题写的对联："惟以一人治天下，岂为天下奉一人。"

乾隆帝在《养心殿四箴序》里说："我皇考圣训曰：'敬天法祖，勤政亲贤，事只四端，义该万理。'"认为敬天、法祖、勤政、亲贤，乃为君的四件大事，皇帝均应照此严格约束自己，治理国家。咸丰帝在养心殿内檐正门题匾"日监在兹"，意思是千万不能懈怠，上天时时刻刻在监察我们。

匾中"勤"为书法异体字，左下少一横，或谓：勤，永远不能满足。

【读后感】布衣起家，也在一个"勤"字，但要跟对人，结对伴，远离小人。

拍摄自南京总统府旧址。孙中山书。

天下为公，出自《礼记·礼运篇》："大道之行也，与三代之英，丘未之逮也，而有志焉。大道之行也，天下为公，选贤与能，讲信修睦。故人不独亲其亲，不独子其子，使老有所终，壮有所用，幼有所长，鳏寡孤独废疾者皆有所养，男有分，女有归。货恶其弃于地也，不必藏于己；力恶其不出于身也，不必为己。是故谋闭而不兴，盗窃乱贼而不作，故外户而不闭。是谓大同。"

孙中山的"天下为公"与王权、"天下为私"根本对立。1924年，孙中山在《对驻广州湘军的演说》中指出："提倡人民的权利，便是公天下的道理。公天下和家天下的道理是相反的。天下为公，人人的权利都是很平的。"他提出了三民主义的思想：民有、民治、民享。国家为人民所共有，政治为人民所共管，利益为人民所共享。"真正的三民主义，就是孔子所希望之大同世界。"

据刘望龄辑注的《孙中山题词遗墨汇编》一书统计，有史料可查证的孙中山题词墨宝，存世二百九十九件，其中书写"天下为公"和"大同"的有四十件，可见孙中山对"天下为公"的执着追求。

【读后感】具体政策若不能体现宏观指导思想，便事与愿违了。

拍摄自苏州狮子林正气亭。

正气亭因亭南围墙嵌有文天祥梅花诗碑而得名。碑刻为文天祥狂草手迹。《梅花诗》为："静虚群动息，身雅一心清。春色凭谁记，梅花插座瓶。"这是文天祥身陷图圄时寄梅咏怀，体现了他洁身自守、刚正不阿的民族气节。

正气，充塞天地之间的至阳至刚之气。体现于人则为浩然的气概，刚正的气节，光明正大的作风或纯正良好的风气。《楚辞·远游》："内惟省以端操兮，求正气之所由。"宋文天祥《正气歌》："天地有正气，杂然赋流形，下则为河岳，上则为日星，于人曰浩然，沛乎塞苍冥。"《文子·符言》："君子行正气，小人行邪气。"

凛然，形容令人敬畏的神态。宋苏辙《贺致政曾太傅启》："大节凛然，四方仰止。"《宋史·李苾传》："强力过人，自旦治事至暮无倦色，夜率至三鼓始休，五鼓复起视事，望之凛然犹神明。"

【读后感】正气，让人坦然于天地，无愧于人世，视污蔑、误会、曲解、不公待遇为粪土，不屑理会。

拍摄自江西省宜黄县棠阴镇古建筑。

光天，指阳光普照之天。语出《尚书·益稷》："帝光天之下，至于海隅苍生，万邦黎献，共惟帝臣，惟帝时举。"禹称赞舜帝的德行如阳光普照天下，从天涯到海角的黎民百姓，万国的众多贤能的人，都是舜帝的臣子，为舜帝所用。这里的"光天之下"指普天之下。

化日，指承平无事之日。《后汉书·王符传》："化国之日舒以长，故其民闲暇而力有余。乱国之日促以短，故其民困务而力不足。"在政治清明、有教化的国家，人民的生活安闲舒适，有余力去做自己想做的事；在没有教化的乱国，人民的生活紧张窘迫，忙于劳务而没有余力做自己想做的事。

光天化日，旧时比喻政治清明、承平无事的时代，现在形容是非好坏大家都能看得清清楚楚的场合。

《红楼梦·第二回》："彼残忍乖僻之邪气，不能荡溢于光天化日之中。"

【读后感】最可怕的是光天化日之下依然肆无忌惮而又冠冕堂皇地实施恶行。

匾额：意境美的『眼睛』

匾额除标识、教化功能之外，还具有点景、引景功能。

无论是自然山水风光还是社会人文景观，景物自身都不能传情达意，往往要依靠匾额、楹联等多种方式去表达。

匾额的点景便是以简洁凝练、寓意深长的一词一语，画龙点睛地点出景致的精华、特征和意境，给景色注入历史和文化元素，达到景与意合，使物质形态空间上升为历史空间和精神空间，让人产生"辞因景生，景因辞胜"的审美感受，并通过联想与升华，达到触景生情、超然象外的境界。

匾额对自然山水风光的点景常常是状景抒情言志，"诗化"景观，把大自然中的佳境去粗存精后，对景观表象与境界作出审美概括，从文化和艺术的角度"点睛"蕴藏在山水之间的诗情画意，唤起人们的联想，沉浸于大自然的无限风情中陶冶品性。

匾额对人文景观的点景，或蕴含典故，传达丰富而深厚的人文历史信息，发人神思，追忆往事，凭吊怀古；或撷取古诗文名篇的字句，拓展和深化景观意蕴，引导人们领悟饱含历史积淀的诗文境界；或欲露还藏，以哲理之语发人深思，以抒情之词令人神怡，以绘景之句引人流连，使人的情志与境象产生共鸣。

总之，静态的景观因为有了匾额的点景、引景，产生了强大的精神活力，获取动态的文化意境，让人从中体会"景外之景"、产生"象外之象"。

266

## 山水风光匾额

拍摄自北京颐和园。乐寿堂门殿匾额。钤"慈禧皇太后御笔之宝"印。

水木自亲殿位于颐和园昆明湖北岸，前轩临水，为慈禧太后的寝宫乐寿堂的正门。门前有御码头和约20米高的"探海灯杆"。慈禧太后由水路入园时，在这里下船进乐寿堂。

水木自亲殿面水而建。昆明湖的水面与四周林木相接，亲和相生，是"水木自亲"的自然写照。古代五行相生学说，水生木，喻父子、母子关系。乐寿堂原是乾隆帝为其母拜寿而建造的寿堂兼下榻之所。母子之亲，受之于天，乃"自亲"，这是乾隆帝题写此匾的真实意蕴。乐寿堂门前是御舟码头，"水木自亲"又喻指船和水的关系。水可载舟，亦可覆舟。君王与百姓的关系应永远保持"水木"一样的"自亲"。这是乾隆帝的自我提醒，也是对后人的警示。

【读后感】即便是自然界的"水木自亲"也只能在一定范围内成立，何况人类社会的各种关系。

拍摄自安徽滁州琅琊山。影香亭亭额。

影香亭建于明洪熙年间（1425）。亭筑于方池之上，碧水绕环。站在亭中，可远望"欧梅"，故原名"见梅亭"。清康熙二十四年（1685），滁州知州王赐魁坐于亭中，得见古梅倒影，又能闻到梅香，遂将此亭易名为"影香亭"。

相传"欧梅"花期不抢蜡梅之先，也不与春梅争艳，独伴杏花开放，故又名"杏梅"。原梅早已枯死，此株为明嘉靖十四年（1535）补植。古梅高7米，自离地面六七十厘米处开始分成四枝，苍颜多瘢，枝苗叶茂，清香不绝。古人为从不同位置赏梅，在欧梅四周修筑了不同类型的赏景建筑：北建古梅亭，南造影香亭，东筑览余台，西砌怡亭。

影香亭亭联"疏影横斜水清浅，暗香浮动月黄昏"为摘句联，出自宋林逋《梅花》诗。上句写梅的姿态。下句写梅的清香。后人在壁上题"寒流疏影""翠积清香"两块碑刻，更加言简意赅。

疏影，暗香，千百年来，梅花的这种特质为无数文人雅士所钟情、吟诵。

【读后感】影香，不只梅花独具。穷且益坚，是其傲人之处。

拍摄自四川峨眉山。匾文或为四川省书法家伍中一所书。

峨眉山耸立于四川盆地的西南边缘，是大峨、二峨、三峨山的总称。北魏郦道元《水经注》："去成都千里，然秋日澄清，望见两山相对如峨眉，故称峨眉焉。"

峨眉山名，早见于西周。晋常璩《华阳国志·蜀志》："杜宇以褒斜为前门，熊耳、灵关为后户，玉垒、峨眉为城郭。"晋左思《蜀都赋》："引二江之双流，抗峨眉之重阻。"

山之称"峨眉"，其说不一。一说峨眉山因"两山相峙"而得名。另一说是山屹立于大渡河畔，大渡河古称"泑水"，山因水得名"泑湄山"，后由"泑湄"成"峨眉"。赵熙："是山当泑水之眉。眉者，湄也，以水得名。"

峨眉山为"佛门圣地"，以"普贤道场"之名，与山西五台山、浙江普陀山、安徽九华山并称中国佛教四大名山。

峨眉山别称"牙门山""蛾眉山"。西晋张华《博物志》："南安县西百里，有牙门山。"清顾祖禹《读史方舆纪要》："亦曰蛾眉山，以其两山相对，如蛾眉然。"

【读后感】名山大川若不能走出一隅，走向世界，也会埋没于崇山峻岭之中。

拍摄自云南昆明大观公园。额悬于大观楼二楼。清咸丰帝题赐。

乾隆年间，名士孙髯翁登大观楼作闻名四方的长联，由名士陆树堂书写刊刻。其上联描写滇池景色："五百里滇池奔来眼底，披襟岸帻，喜茫茫空阔无边。看：东骧神骏，西翥灵仪，北走蜿蜒，南翔缟素。高人韵士何妨选胜登临。趁蟹屿螺洲，梳裹就风鬟雾鬓；更苹天苇地，点缀些翠羽丹霞，莫孤负：四围香稻，万顷晴沙，九夏芙蓉，三春杨柳。"大观楼因此长联而成中国名楼。

咸丰五年（1855），咸丰帝询兵部侍郎、云南晋宁人何彤云滇池湖势，何彤云"历陈大观情形"，并说登大观楼观滇池是"无风三尺浪，有风浪千层"。咸丰帝遂题赐"拔浪千层"匾。"拔浪千层"，谓大观楼挺拔高峻、耸立于万千波浪之中的气势。

在随后的战乱中，大观楼及其联匾毁于战火。同治五年（1866），云南提督马如龙重建大观楼，并重制"拔浪千层"匾，将咸丰帝题额的过程陈述于匾跋，款署"大清同治五年丙寅季春""臣马如龙谨识"。

【读后感】咸丰帝不曾登大观楼，犹应景作"拔浪千层"，类似之事至今依然众多。

晴红烟绿

拍摄自江苏无锡蠡园湖心亭。额为华绎之书。

蠡园因蠡湖而得名。蠡湖原名"五里湖",为太湖内湖。相传越国大夫范蠡助越王灭吴后,携西施隐居于此,遂称"蠡湖"。

蠡园东部置"千步长廊",临湖而建,呈半封闭式,左侧依墙而筑,右侧为微波荡漾的蠡湖水面。长廊东端,以90米长的平桥入湖,尽头是建于1935年的亭式水榭。水榭常规制式为三面环水。蠡园此处水榭仅以平桥连接陆地,有四面环水之实,无锡民间称其为"湖心亭"。水榭环廊北侧柱间内壁镶嵌紫砂壁画——范蠡西施泛舟蠡湖。

晴红烟绿,宋钱昆《游铁岸》:"晴红烟绿衬虚亭,公退因来得野情。落日东风懒归去,拟将薄禄换溪声。"蠡园湖心亭题"晴红烟绿"额,意谓于此处环顾四周,烟波浩渺,山影绰约,花红树绿,丽日熙和,春夏秋冬的美景虽各不相同,却皆可人悦目。湖心亭楹联:"大好湖山平生能着几回展,只谈风月与尔同销万古愁。"

华绎之，无锡荡口人，"养蜂大王"，四十岁潜心书法，字学颜正卿。

【读后感】人类但凡善于利用自然性情的，皆可获取"晴红烟绿"之真趣。

拍摄自云南昆明石林彝族自治县石林风景区。

石林县原名路南县。"路南"一词为彝族语言，路为石头，南是黑色，路南意为长满黑色石头的地方。约3.6亿年前，此处为古云贵海的一部分。后历经亿万年的地质演变，地壳上升，海水退去，风化日晒，逐渐形成石峰、石柱、石笋、石芽，溶洞、地下河、钟乳石等典型的岩溶地貌。明顾炎武《肇域志》："石门在州西平壤之中，石笋森密，周匝十余里，大者高百仞，参差不齐，望之如林。"

"石林"一额，原为行书，龙云于1931年题，周钟岳书写跋语。今"石林"二字为碑隶，从碑帖中选"石林"二字镌刻而成。

【读后感】以地质演变观人生起伏，一切释然。

拍摄自北京颐和园。额悬颐和园长廊留佳亭。蝠式匾。钤"慈禧皇太后御笔之宝"印。

颐和园长廊由东到西置四座重檐八角亭：留佳亭、寄澜亭、秋水亭、清遥亭，分别寓意春、夏、秋、冬四季。留佳亭是长廊东第一座亭，亭名为乾隆帝所取。《尔雅·释诂下》："留，久也。"佳，佳气。唐储光羲《洛阳道五首献吕四郎中》有"大道直如发，春日佳气留"句。乾隆帝受此启发，题额"留佳"。留佳，谓春日长久。亭中悬"璇题玉英""文思光被""草木贲华"三块匾额。

贲，美化、装饰。《尚书孔传》："贲，饰也。天下恶除，焕然咸饰，若草木同华。"华，即花。贲华，开出多彩的花。匾语源自《尚书·汤诰》："天命弗僭，贲若草木。"意思是，天命不会有差错，按时节使草木繁荣。南朝梁刘勰《文心雕龙·原道》："草木贲华，无待锦匠之奇，夫岂外饰？盖自然耳。"大意是，草木开放鲜艳之花，不是靠织锦匠人的技巧加工而成，而是大自然的杰作。

【读后感】"春风吹又生"，大自然可"留佳"，人断不可与之争夺。

## 人文景观匾额

拍摄自陕西延安黄陵县桥山镇黄帝陵人文初祖殿。额文为程潜所书。

黄帝陵，轩辕黄帝的陵寝，古称"桥陵"，为历代帝王和名人祭祀黄帝的场所。黄帝祭祀始于秦灵公三年（前422），秦灵公"作吴阳上畤，专祭黄帝"。不同于后世帝王陵寝坐北朝南或坐西朝东，黄帝陵陵冢背西北，面东南，这同中国地理的基本形态——"天倾西北，地不满东南"完全吻合。

人文初祖，指开拓人文文化，对文明进步做出巨大贡献的人。中华民族公认的人文初祖有有巢氏、燧人氏、伏羲氏、神农氏、轩辕氏等。他们为人类创造了一系列基本的生存和生活条件。人文初祖也有专指轩辕氏即黄帝。在黄帝死后的几千年里，祭祀活动从未中断。

  程潜为轩辕庙敬写"人文初祖"匾额后交由富平县石匠雕刻。后在运输途中车翻石碑被摔碎。程潜得知后说:"石碑被打,不必惊慌。运输困难,不必再备。请制作一副木匾,来年清明祭陵再写。"遂有此木匾。

  【读后感】任何人创造一项造福于人的发明,都应是该领域的"始祖"。

拍摄自安徽泾县桃花潭踏歌岸阁。额原为当地书法家翟容书，年久匾毁。1984年重修踏歌岸阁时，由安徽省政协主席、书法家张恺帆重书。

踏歌岸阁濒临青弋江，面桃花潭，其下即南阳古镇东园古渡口，相传为汪伦送别李白处。建筑面积约300平方米，三间，两侧为上下楼梯，中间两层，系楼阁式砖石木结构，俗称骑马楼、走马楼。始建于明代，清乾隆年间重建，道光二十六年翟金生督修石座，民国初年重修。

"踏歌古岸"，出自李白《赠汪伦》诗。时，李白旅居南陵叔父李冰阳家。泾州豪士汪伦修书一封相邀，曰："先生好游乎？此地有十里桃花。先生好饮乎？此处有万家酒店。"李白欣然而至。汪伦据实告之：离此十里有桃花渡，岂非"十里桃花"？酒店店主姓万，莫不是"万家酒店"？李白大笑。两人诗酒唱和，流连忘返。临别时，汪伦率村人踏地为节，挥手作歌相送。李白感念汪伦盛情，写下《赠汪伦》这首千古绝唱："李白乘舟将欲行，忽闻岸上踏歌声。桃花潭水深千尺，不及汪伦送我情。"后人为纪念这一文人逸事，遂称此处为"踏歌古岸"。后，水东翟氏家族于岸上建"踏歌岸阁"。

【读后感】汪伦若无豪情，李白若拘泥于陌生，便无桃花潭之雅传了。

图均拍摄自苏州怡园（上图拍摄于2005年4月，下图拍摄于2015年12月）。为怡园碧梧栖凤馆额。隶书。跋："新桐初引，么凤迟来，徙倚绿阴，渺渺乎于怀也。"落款为行书："怡园主人属书，光绪丁丑仲春仁和吴观乐。"横188厘米，高40厘米。银杏木板材质。棕色底粉绿字。

凤凰之性，非梧桐不栖，非竹实不食。"家有梧桐树，何愁凤不至？"

碧梧栖凤，状景抒情额，通过匾额的点景之功，表达出馆藏梧荫深处所蕴含的文化意境，寓寄馆主心境澄澈、高雅脱俗的生活情致和乐天安命的处世态度。

唐杜甫《秋兴》诗之八："香稻啄余鹦鹉粒，碧梧栖老凤凰枝。"唐白居易《玩松竹》诗："龙蛇隐大泽,麋鹿游丰草。栖凤安于梧,潜鱼乐于藻。"

【读后感】宋陆游《寄邓志宏》："自惭不是梧桐树,安得朝阳鸣凤来。"我等一介布衣若成为一修竹立于世,着实上乘境界了。

拍摄自山东省蓬莱市北丹崖山蓬莱阁。

蓬莱阁，始建于北宋嘉祐六年（1061），历代修葺，未曾重建，至今仍保持宋代建筑原貌。自古为文人学士雅集之地。因"八仙过海"传说和"海市蜃楼"奇观而闻名四海。与岳阳楼、滕王阁、黄鹤楼并称为"中国四大名楼"。

蓬莱为中国神话中的海外仙山。《山海经·海内北经》："蓬莱山在海中。"《史记·封禅书》："自威、宣、燕昭使人入海求蓬莱、方丈、瀛洲，此三神山者，其傅在勃海中。"

"蓬莱阁"金字匾额，为清代书法家铁保所书。铁保（1752—

1824），曾担任吏部尚书、漕运总督、两江总督等要职。数次遭革职贬谪，仍乐观旷达。他说，"作书如做人，以自然流行，不假修饰为妙"。其人品、书品为后人敬仰。

【读后感】假若传说为真实存在，那一定是人类曾经的或天外来地球的文明。

拍摄自安徽滁州琅琊山醉翁亭。

醉翁亭，为单檐歇山顶方亭，亭角夸张地飞起，如鸟展翅。亭内塑欧阳修立像。亭西一碑，镌有苏轼手书的《醉翁亭记》全文，笔势雄放，人称"欧文苏字"，并为二绝。亭南北两面斗拱下均有亭额，其南面亭额"醉翁亭"三字选自苏轼手书的《醉翁亭记》。亭内擎柱有长、短联。其中一副："饮既不多缘何能醉，年犹未迈奚自称翁。"

欧阳修，"唐宋八大家"之一，历仕北宋仁宗、英宗、神宗三朝，官至翰林学士、枢密副使、参知政事。庆历三年（1043），范仲淹等人推行"庆历新政"，失败后相继被贬，欧阳修也被贬滁州。他治理滁州，官民称便。庆历七年（1047），琅琊寺主持智仙和尚为其修亭。欧阳修为之写下脍炙人口、流芳千古的《醉翁亭记》。"太守与客来饮于此，饮少辄醉，而年又最高，故自号曰醉翁也。""醉翁亭"因此得名。

醉翁亭名列中国四大名亭之首，享有"天下第一亭"之美誉。

【读后感】若非嗜酒，凡"醉"皆由情生。

拍摄自浙江湖州长兴县水口乡顾渚村大唐贡茶院。

中国古代有"九贡"之制，即祀贡、嫔贡、器贡、历贡、材贡、货贡、服贡、游贡、物贡。其贡品"致邦国之用"。贡茶，是"物贡"的一种。自唐至清，历代都有不同的御贡皇茶。

贡茶初始，由地方征收名特茶叶进贡。自唐朝始，又在名茶产区设立贡茶院，"刺史主之，观察使总之"。顾渚山唐代贡茶院，始建于唐大历五年（770），是我国历史上第一座皇家茶厂，督造顾渚紫笋茶。宋尤袤《全唐诗话·袁高》："案唐制：湖州造贡茶最多，谓之'顾渚贡焙'，岁造一万八千四百斤。"

现存大唐贡茶院系重建。陆羽阁是院内以展示茶圣陆羽生平和《茶经》为主的建筑物。"陆羽阁"额由刘枫书。二十九岁时，陆羽在长兴顾渚完成《茶经》初稿；四十八岁时，《茶经》修改定稿，被广为传抄。《茶经》对唐中期以前中国茶叶的历史、产地，以及茶的功效、栽培、采制、煎煮、饮用等知识作了全面细致的阐述，是中国古代最完备的茶学专著，也是世界上第一部茶学专著。

【读后感】历二十年完成著作，专攻一业，是对后世负责。

拍摄自山东济南章丘百脉泉公园清照园。额文为钱绍武书。

李清照（1084—约1156），号易安居士，宋代章丘明水人，文学家、礼部员外郎李格非之女，金石学家、湖州太守赵明诚之妻。工诗文，尤以词擅名，为婉约派代表，素有"千古第一才女"之美誉。著有《易安居士文集》《易安词》，已散佚。后人有《漱玉词》辑本。今人有《李清照集校注》。

明水，古号"小齐州"。东侧有百脉泉，因"百泉俱出"得名。元于钦《齐乘·卷二·水》："盖历下诸泉，皆岱阴伏流所发，西则趵突为魁，东则百脉为冠。"

漱玉，谓泉流漱石，声若击玉。出自晋陆机《招隐诗》："山溜何泠泠，飞泉漱鸣玉。"

【读后感】屡遭磨难，犹不失填词抒情，此亦是"生当作人杰"之为。

拍摄自江苏宿迁宿城区梧桐巷项王故里。

司马迁《史记·项羽本纪》："项籍者，下相人也，字羽。"下相，即今宿迁。

项羽自幼丧父，随叔父项梁。陈胜、吴广起义失败后，他力举义旗，大破秦兵，率诸侯入关，杀秦王子婴，焚咸阳，自称西楚霸王。后败于刘邦，无颜见江东父老，羞渡乌江自刎而死，年仅三十一岁。司马迁称其"位虽不终，近古以来未尝有也"。

项王故里原有坊有庙，设专人照管，历经沧桑，至清初庙毁人去，仅剩庭院大槐树一棵和"梧桐巷"古桐树数株。清康熙四十年（1701）知县胡三俊立碑镌刻"项王故里"四字以为纪念。1931年西北军将领张华棠在古槐树旁建草亭一座，院内建草厅三间，借以维护古迹。1935年，县长张乃藩集资建英风阁。2012年，宿迁投资40亿元建成如今规模。"项王故居"额为溥仪的弟弟溥杰书写。

【读后感】史有记载的失败者皆是杰出人物，后世不应引为"笑谈"。

匾额：
方寸美的艺术

匾额的标识名称、抒情言志、点景状物的功能，必须以凝练而传神的题词、俊逸而大气的书法、细致而精美的雕琢去表现，才能以"方寸美"的艺术感染力，完美地显示建筑物主人的门第层次、道德修养、处世哲学和精神寄托。

一块优秀的匾额，集语言艺术、书法艺术、雕刻艺术、漆艺与装饰艺术于一体，呈现出多重的审美价值。

以表达内容的语言艺术而言，匾文用词讲究意境、文采与凝练，选用彰显中华人文要义的辞赋诗文、古训名言，传播文化价值观，影响人们的认知，引导人们的日常行为，在潜移默化之中开展道德实践。

匾额的书法艺术要求不同的匾文内容通过不同风格的书法展现，真草隶篆因境而用，以吸引读匾者在品读书法中体悟匾语中的人文意蕴，在书法艺术的熏陶之下为传统美德所感染。

匾额的形制、雕刻艺术，使匾额生机盎然、意境深邃、引人联想。手卷额、秋叶额、册页额，浮雕、阴刻、阳刻，蓝底金字、金底黑字、黑底金字，饰以相应的边框，绚丽多彩。

匾额的制作，从选题到书写，从雕刻到装饰，在创造艺术的同时传播着文化，成为文辞之美与工艺之美的集大成者。

# 匾额的形制艺术

　　形制，谓物体的形状和构造，款式的意思。一块匾额的形制选择，并非随心所欲。它既与题匾者、受匾者的身份地位有关，又要结合匾额的文字内容，还取决于当时的审美取向与工艺水平，并要求与建筑物整体和谐，体现出应用于建筑物的内在旨趣。

　　建筑斗拱结构宏大，屋檐与门楣的间距较宽的，多用竖匾。建筑斗拱的比例较小，屋檐与门楣之间的距离相对短窄的，悬挂横匾。随着建筑、环境及人们审美观的变化，匾额的形状也愈来愈丰富多彩，衍生出手卷匾、荷叶匾、蝙蝠匾、秋叶匾、虚白匾和册页匾等多种形式。清朝李渔的《闲情偶寄·联匾第四》中即有关于碑文额、手卷额、册页匾、虚白匾、石光匾、秋叶匾等的记载。

　　一般而言，横匾因其简洁大方，端庄稳定，而应用于各种场合。其周边配以汉纹边式，龙纹等图案，更显得雍容高贵。竖式斗匾多用于与皇帝、天地、神道相关的相对庄严的场所，四边配以蟠龙或云头纹图案，代表着等级的森严。蝠式匾像一只展翅的蝙蝠，因其谐音"福"而在园林、餐饮等场所应用。书卷匾因其形如展开的书卷，为历代文人所钟爱。

匾额的材质因建筑形制、建筑材料的不同而不同。砖石建筑外墙常镶嵌石质匾额。木构建筑则悬挂木制匾额。另外还有金属匾、竹匾等。

匾文的色彩或蓝底金字，或金底黑字，或黑底金字，或红底金字，都有一定寓意。如冠以金字，即象征"金字招牌"，预示富贵繁华和美好前景。

拍摄自北京颐和园。颐和园宜芸馆匾额。蝠式横匾。钤"光绪御笔之宝"印。宜芸馆位于玉澜堂后，是光绪帝皇后隆裕在颐和园的居所。

宜，合适，适宜。芸，即芸香草。宋沈括《梦溪笔谈》："古人藏书辟蠹用芸。芸，香草也……辟蠹殊验。"芸香草放在书房或夹在书页中以驱蛀虫。所以，古人别称书籍为芸编，书签为芸签，藏书之所为芸馆、芸台、芸窗等。乾隆帝将他在清漪园内藏书、读书的这座建筑，取"芸编"之意，命名为"宜芸馆"，意为"宜于藏书"之处。

《乾隆皇帝咏万寿山风景诗》中收录的有关宜芸馆的御制诗达十首之多。其中一首："内府富图书，芸编随处有。独曰'宜'于是，此意人知否？背山复面水，净明尘不受。坐而静与稽，资益良复厚。深造乃自得，荒唐非所取。席不暇暖行，对之增怩忸。"

宜芸馆正殿联："绕砌苔痕初染碧，隔帘花气静闻香。"砌，台阶。绕砌，指房屋附近、周围。花气，指书籍。暗示此处藏书甚丰，如百花齐放。"香"字，既指芸香，更含书香之意。上联借"染碧"以状景，描写宜芸馆环境清幽。下联借"闻香"以抒情，意远情深。

【读后感】宜读书处在于心。焚香清玩，是雅趣，但绝不是阅读的前提。

拍摄自北京颐和园。道存斋额。钤"慈禧皇太后御笔之宝"印。三环匾。

道存斋为宜芸馆东厢房。宜芸馆原为藏书之所。道存，语出《庄子·田子方》："子路曰：吾子欲见温伯雪子久矣，见之而不言，何邪？仲尼曰：若夫人者，目击而道存矣，亦不可以容声矣。"孔子想见楚国贤者温伯雪很久了，但真见到了却一句话也没说。子路不理解。孔子说：见到人就悟出道了，不用说什么。这也是成语"道存目击"的出处。道存斋之"道存"，谓到宜芸馆看书，可从书中悟出道理来。

"恩风长扇"为道存斋额，匾语出自《隋书·音乐志·宴群臣登歌》："饮和饱德，恩风长扇。"意指德惠之风操长久地传扬下去。暗喻皇恩。恩风，喻仁政，德政。

慈禧题"恩风长扇"，用以标榜她的仁政广施于民。她特地刻了一枚印章：恩风长扇，以为恩威并重。

【读后感】道存目击。有些人屡屡标榜"恩风长扇"，也是枉然。任何虚伪的表演，皆盖不住其本来面目。

拍摄自北京颐和园道存斋。书卷形匾。

膏泽，指滋润土壤的雨水，引申为恩惠。用以比喻上对下、统治者对百姓的恩惠。应时，及时、适时。此匾赞许慈禧归政于光绪帝是降福天下，很合时宜。

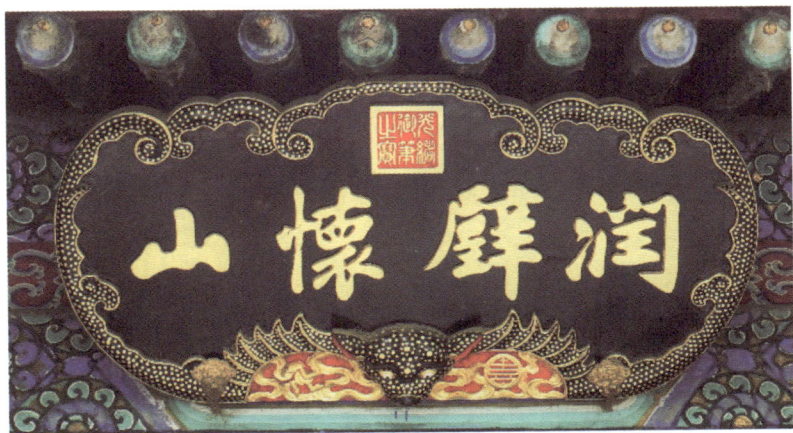

拍摄自北京颐和园乐寿堂。蝠式匾。蝙蝠头两侧饰以绶带，寿字雕饰。钤印"光绪御笔之宝"。

润璧，温润的美玉。比喻人的品行高洁。怀山，藏于山中，另一说思念产玉之山。此匾盛赞慈禧皇太后仁德，这里因她生辉，以示不忘养育之恩。

　　拍摄自北京颐和园宜芸馆近西轩。三环形匾。浮雕祥云仙鹤边框。

　　藻绘，彩色华丽的绣纹、文辞。呈瑞，呈现祥瑞。此匾赞美近西轩四周华美的殿堂建筑，皆描画着各种吉祥的图案。

　　拍摄自北京颐和园。匾文喻这里是佛门圣地。石质匾。

　　佛教的天国是充满香的世界。须弥山顶，有国名众香。"众香界"意谓佛教最高境界。信佛者称为香客。参佛悟道，就是远离污秽，秉持不染之心，让自己充满清净之香。

拍摄自承德避暑山庄。钤"乾隆御笔"印。铜质匾。

"海藏持轮"四字寓意佛教经典如大海，主持一切法轮，普度众生。"藏"字左边部首因形似古代兵器干戈被有意去掉，意为"少些纷争，多些和平"。

拍摄自陕西西安临潼华清池环园。异形匾。

环园，慈禧和光绪帝西巡时曾就寝于此，"西安事变"爆发之地。入环园，迎面一潭水池。池东有白莲榭，池西建筑为荷花阁。荷花阁西侧即飞霞阁——杨贵妃晾发台。

拍摄自江苏吴江同里古镇嘉荫堂。手卷形匾。

师俭，出自《史记·萧相国世家》：萧何功成之后，"必居穷处"，"不治垣屋"。他解释："后世贤，师吾俭；不贤，毋为势家所夺。"后代出息，住"寒舍"可效我节俭；没本事，"穷"家产也不会被权贵侵吞。这是萧何保护子孙的智慧之术。后人借用教诲子孙持家要师承勤俭之风。

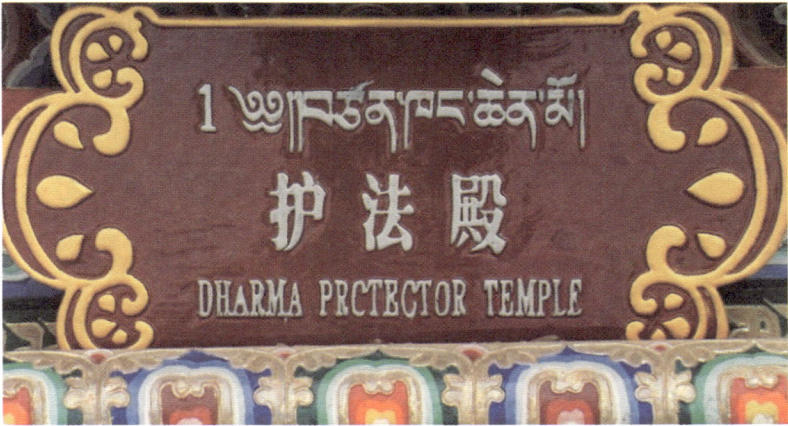

拍摄自青海西宁湟中区塔尔寺小金瓦殿。异形匾。

护法殿殿内供奉"五勇猛明王"（身王、语王、意王、智慧王、功德王）护法神。

拍摄自四川峨眉山金顶金殿。金铜合金匾。

峨眉山金顶，也称华藏寺，海拔3077米。金殿全殿由金铜合金浇铸而成，金碧辉煌，非常壮观。与金佛、日出、云海、佛光并列为峨眉金顶五大胜景。

# 匾额的语言艺术

每一块匾额都呈现出不一样的语言特征和文化内涵，其用语源于制匾者的价值取向，字斟句酌间呈现出个性特点。

匾额的文字须文辞精粹，应景适情，寓意深刻，耐人寻味，生动有趣，有极强的语言艺术性。其内容或引经据典，或取自诗文辞赋，或依据当地风情与传说，大多受儒、道、佛家思想影响，思想性、文化性、哲学性给读匾者以深远的启迪。

宫殿、衙门、庙宇乃至一些公共建筑上的匾额文字表现的是执政理念，用以教化和为人们的言行制定规范，使之循规蹈矩。私家园林、宗祠老宅、文房书斋的匾额，初看只是标识建筑物的名称，其修饰词却饱含着制匾者的情趣与志向，成为悬于梁柱间的"座右铭"，如"能静居""牧梦亭"。抒情言志、喻理晓义的匾额，具有劝诫明理的功能，潜移默化中使人领悟为人处世的道理。

拍摄自四川都江堰二王庙。诗匾。

《春望》为清嘉庆帝为二王庙御题。全诗为："小楼杰出苑墙西，远近川原绿欲齐。山黛溟濛笼古寺，湖光澄洁拍长堤。垂杨梳线拖青缕，芳草铺茵展碧斐。坐览春宵值佳日，无涯韶景绘晴霙。"

拍摄自江苏常熟燕园。堂匾。

燕园又名燕谷园。园主蒋元枢，乾隆四十年（1775）任首任台湾知府，翌年兼任学政。燕园，取其回常熟似"燕归来"之意。五芝堂为昔日园主迎会亲友之所。"五芝"是古代方术家所说的"赤黄黑白紫"五种灵芝，服之可长生不老。堂名表达了园主渴望健康长寿的愿望。

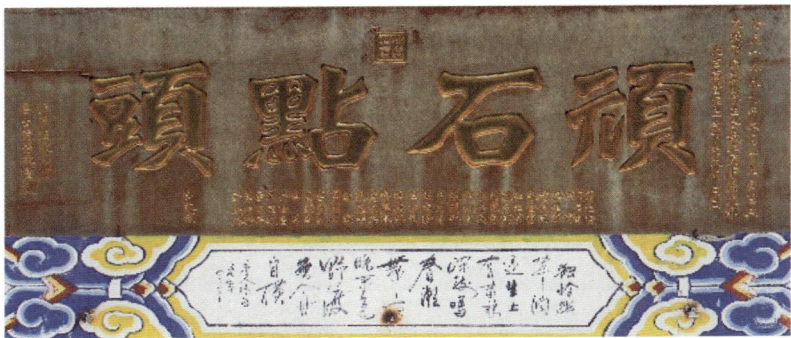

拍摄自云南大理观音塘。典故匾。

观音塘又名大石庵。寺内前阁建在一块巨大的观音石上。相传，古时有兵侵犯大理，观音化一老妇"负石阻兵"。兵退，后人纪念而建观音阁。顽石点头，相传晋代道生法师聚石为徒，讲解佛经，"群石皆为点头"。后人集为成语，形容说理透彻，感化力强。

拍摄自云南丽江木府。坊匾。

"天雨流芳"一词，汉纳两音，一语双意。其汉语释义为"皇恩浩大如春雨滋润"，其纳西音意为"读书去吧"。

丽江教育渊源可上溯至元朝。明代木氏土司开启了纳西族汉文写作之先河。至清雍正元年，丽江改土归流，流官大兴汉学，修书院，建学馆，习汉文蔚成风气。在"天雨流芳"劝学古训下，丽江的学风愈加盛旺。

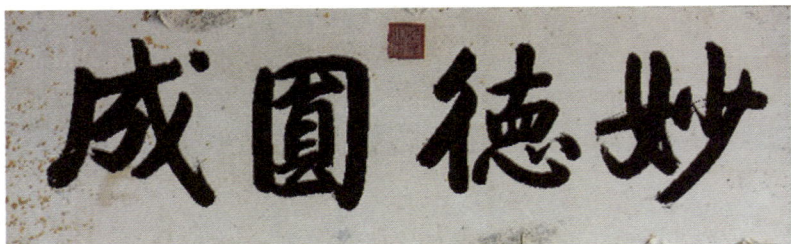

拍摄自河北承德普陀宗乘之庙。佛理匾。

"大慈白衣观世音，随缘赴感应群机；三昧辩才善诱诲，妙德圆成证菩提。"讲的是清朝有身患眼疾的少年因虔诚念诵白衣观音神咒12000遍而视力恢复终得福报的故事。

圆成，佛教用语，指成就圆满。妙，无法用语言、动作表达出来。德，德行。妙德，至高的德行，真正的德行。

# 匾额的款识艺术

一块完整的匾额，由款识、匾文组成。所谓款识，指匾额的上款、下款和印章。上下款的内容包括：题匾者、受匾者、立匾者、年月日。

匾额的款识形式各异。其一，上款为题匾者，下款为受匾者、年月日。多是因为题匾的是有名望、地位的人，或是受匾者的长辈、上司等。其二，上款为受匾者，下款为题匾者、年月日。多是因为受匾者是题匾者的长辈、上级，或是地位相同以表示尊敬和谦逊。其三，在上下款中带有叙述受匾者生平或事迹的序或跋。放在上款为序，放在下款为跋。有的匾额将文字放在匾文的正上方。其四，无受匾者，仅题匾者、年月日，或置于上款，或置于下款，或分置。常见于园林名胜匾或商家字号匾。其五，无上款，仅下款。多用于书斋厅堂匾。其六，无款识。

款识对匾额的解读和鉴定非常重要。可以标示题匾者、立匾者的身份与日期，彰显匾额的来之不易与受匾者的荣耀。由于题匾者多是名人雅士，因此款识的用语比较文雅、脱俗，有独特的文化艺术韵味。

落款表示时间的用语，年份使用天干地支纪年或皇帝年号纪年法；月份使用时节纪月法或文学化的代称，如孟春、杏月；日期采用"三浣记日"或二十四节气记日，如立春、雨水等。另外最为常用的是"穀旦"和"吉旦"，代表这块匾是良辰吉时立的。

在礼语使用上，题匾者一般用谦称"愚"字，如愚弟、愚兄、愚友等。对受匾者一般用敬称，如令、尊、贤、仁等。在结尾处加上顿首、拜顿等谦辞。

拍摄自甘肃嘉峪关游击将军府议事厅。上款序为：道光十一年出关叩祷，帝君神前保佑生入玉门敬献匾额，五载轮台兵民安静实赖神庥敢沥愚诚顿首敬，下款为：长白双兴敬书。匾文"神威永护"上部正中书写一"献"字。

　　拍摄自云南昆明大观公园。牧梦亭，清道光年间云贵总督阮文达建，后毁于咸丰年间。民国六年重修，时任云南省都督唐继尧题写匾跋。跋语介绍了阮元构亭并题额"牧梦"之意。"牧梦"取自先秦《无羊》："牧人乃梦，众维鱼矣，旐维旟矣，大人占之。"以占梦之语寄托物阜民丰的美好向往。

拍摄自云南昆明圆通寺。无尽藏，佛教语，谓佛德广大无边。《大乘义章》十四："德广难穷，名为无尽。无尽之德苞含曰藏。"又指事物之取用无穷者。宋苏轼《前赤壁赋》："惟江上之清风，与山间之明月……是造物者之无尽藏也。"亦指寺院的无尽财、长生钱、库质钱。

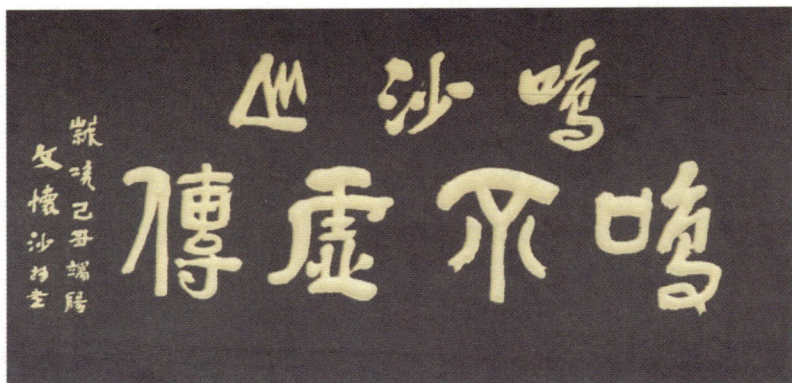

鸣沙飞鸣 传虚沙鸣

　　拍摄自甘肃敦煌鸣沙山月牙泉鸣月阁。鸣沙山山体由红、黄、绿、黑、白五色细沙堆积而成，能发鸣沙之声。其鸣声不仅自鸣于天，还能和声于人。唐代《元和郡县图志》记载："鸣沙山，人登之即鸣。"2008年，曾测千人滑沙活动的沙响，高达83分贝。可谓"鸣"不虚传。

　　拍摄自江苏常熟曾园。曾园，原称虚廓园。清光绪刑部郎中曾之撰厌倦宦海浊流，退归常熟，在此筑园闲居，事亲教子。"归耕课读"反映了园主的旨向。曾园游廊廊壁有《勉耘先生归耕图》《山庄课读图》等碑刻。归耕，谓辞官回乡。课读，传授知识。额为吴大澂书。

# 匾额的书法艺术

　　书法与匾额最为息息相关。书法的好坏决定了一块匾额的品质。世间名匾无一不是出自书法名家之手。

　　匾额的书体气质首先要求与所在建筑环境性格相协调。一般而言，颜体楷书的匾额可增环境之壮美，柳体行书的匾额可洋溢环境之妩媚，汉碑之体势的匾额可使环境有古朴的内涵，怀素的草书匾额使环境充满动态的美。

　　匾额的书体又要求易读、易辨、易传播。在书写上以楷书（榜书）、行书、隶书，或杂糅诸体而成。大字榜书的匾额威风凛然，大多出现在名胜、庙堂、书院等地。也有集字的匾额，以古为新，以字为用。

　　匾额的书写要远看取其势、近看取其质。字与字之间要左右贯气，形成整体。字体不宜过小，否则显得过于局促。又不能太大太满，否则呆而不美。笔法、结体、落款、钤印等均须综合布局。上下款位置得当。款识采用与正文相近或相同的字体；如果正文是隶书、篆书，款识可采用比较活泼流畅的字体，如行楷、行草等。

一块块精美的匾额，字体或端庄饱满，或清秀俊雅，或古朴拙正，或洒脱飘逸，都是美妙绝伦的书法作品，更是民族文化的另一种诠释。

拍摄自浙江桐庐垂云通天河。行楷体匾额。范仲淹书。

宋仁宗景祐元年（1034），右司谏范仲淹被贬至梅城任睦州知州。范仲淹在任上，聘请贤士，兴建书院，用仁礼教化乡民，并写下泽被后人的《潇洒桐庐郡十绝》等系列诗篇。没过多久，他即调任苏州。

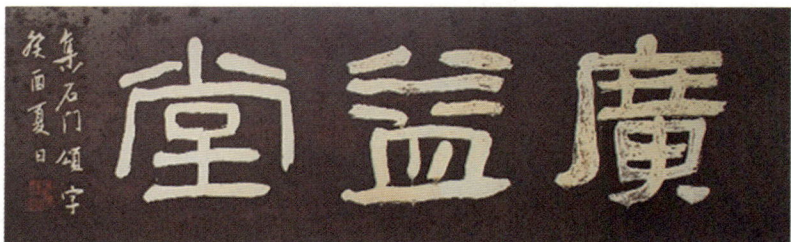

拍摄自四川成都武侯祠惠陵一侧的广益堂。隶书体匾额。额文集《石门颂》字而成。

诸葛亮《教与军师长史参军掾属》："夫参属者，集众思、广忠益也。"诸葛亮《前出师表》："愚以为宫中之事，事无大小，悉以咨之，然后施行，必能裨补阙漏，有所广益。"

拍摄自江苏无锡蠡园。古体字匾额。

甲骨文和金文"四"字一般写作四横画，像四枚算筹（竹木棒）横排的形状。甲骨文和金文"方"字是在"人"的颈部位置加一个代表枷械的指事符号，表示披枷的罪人。最早的"亭"字与"高"字同源。额文中的"亭"字为古陶文字体。

拍摄自江苏常熟兴福禅寺。行草书体匾额。

米芾，北宋书法家，与蔡襄、苏轼、黄庭坚合称"宋四家"。兴福寺有米碑亭，为米芾手书的唐代常建的名诗《题破山寺后禅院》。法门，宗教用语，指修行者入道的门径。《贤劫经》："佛法八万四千法门——皆可成佛。"

　　拍摄自云南昆明海埂龙王庙。草书体匾额。

　　海埂龙王庙与西山"龙门"隔海相望，是滇池周边渔人农夫祈求风调雨顺的重要活动场所。飞龙在天，出自《易经·乾卦》："九五，飞龙在天，利见大人。"喻事物鼎盛，左右逢源，圣人在位。

拍摄自江苏苏州盛家带。楷书体匾额。

盛家带是旧时苏州大户人家的居所和官办机构的所在地，有盐公堂旧址、苏宅（荺湄草堂）、朱宅、顾宅等。景，大，与"高山仰止，景行行止""承天景命"之"景"义同。景贤，大贤。

# 匾额的雕刻艺术

　　匾额自发明之始，就离不开刻字艺术。名人题写的匾额在宣纸上完成后，将其交给技艺精湛的雕工。后者用勾、摹、拓、刻等法，忠实地在材质上再现书法原作的神韵，制成匾额。一块精美的匾额是书法艺术与雕刻工艺的组合。

　　匾额的刻制要求材质精良、漆工精湛、雕刻技法娴熟。文字以凹版或者凸版展现，附彩或朱漆通红或华贵金色。也有在字上敷贴金箔，成为"真金字匾"。匾的边框雕饰精美的图案纹样，甚至镶嵌象牙、珠宝。

　　匾额中常见的装饰图案有花鸟、植物、吉兽、器物、几何纹样等表达吉祥的图案。因其装饰体积较小，多采用象征手法。莲花，象征不受世俗所染的高洁君子；牡丹，象征富贵雍容的盛世；梅、兰、竹、菊四君子象征铮铮傲骨；葡萄和石榴的图案体现多子多孙、子孙兴旺的美好愿望；仙桃、仙鹤、不老松、灵龟象征长寿；琴棋书画则是家族门风和教养的体现。

　　匾额的雕饰图案还运用文字谐音，隐喻美好愿望。蝙蝠、鹿，加上象征长寿的仙桃，三者成为"福禄寿"的代名词。猴子谐音有封"侯"晋爵的寓意。老鼠谐音有"数"钱的寓意。瓶子和苹果的谐音寓意是"平安"，等等。

　　皇家匾额常以雕花与祥云穿插于龙凤之间，其视觉冲击力更为强烈。

拍摄自贵州安顺平坝区天台山伍龙寺。伍龙寺山门门额。

天台山位于平坝城南天龙屯堡。山高仅百米，西南北三面绝壁悬崖，仅东方有石级可登，蜿蜒而上，如登天之台，故名。山巅有寺，名伍龙寺，始建于明万历十八年（1590），因佛寺四周殿顶共有五条龙雕而得名。伍龙寺前殿供佛祖，后殿供玉皇，为释道合一的寺庙。其主体建筑大佛殿、观音殿、玉皇阁、祖师殿、藏经楼沿中轴线对称修建，为仿宋古建筑群。

伍龙寺依次有"黔南第一山""天中之天""印宗禅林""清静禅院"四重山门。"印宗禅林"山门门楣镌刻"印宗禅林"匾，正楷，款署"匠士鲍叔华等刊"。匾边雕刻松竹梅兰，匾心文字四周刻太上老君、弥勒佛、八仙等浮雕图案。山门两侧门柱镌刻楹联一副："云从天出，天然奇峰天生就；月照台前，台中胜景台上观。"三次嵌"天""台"二字于其中，堪称绝妙。

印宗（627—713），唐僧人。吴郡（今苏州）人，生即茹素，长而出家，云游四方。汉传佛教有印宗先为惠能（禅宗六祖）剃度后拜惠能为师的佳话。

【读后感】人心向善，祈求福佑，便不去介意佛、道、儒的界别了。

拍摄自陕西西安临潼区华清池。吉祥纹龙饰匾。

《长安志》记载，唐代，骊山别宫华清池，"西面曰望京门，宫之西面正门也。门外近南有御交道。上岭通望京楼"。华清池西门名望京，骊山建有望京楼，皆因面向京都长安。

拍摄自江苏苏州狮子林。蓝底金字匾，饰以祥云金边。

亭名取自宋王禹偁《北楼感事》"忘机得真趣，怀古生远思"句。意为悟得山林真正意趣之亭。匾文为乾隆御书。

拍摄自云南昆明圆通寺。红底金字匾，饰以龙边。

圆通寺始建于唐朝南诏时代，初名补陀罗寺，是中国最早的观音菩萨道场。"圆通"是观音三十二名号之一，观音又称"圆通大士"。圆通胜境牌坊由吴三桂于清康熙七年（1668）命人修建。

　　拍摄自陕西西安临潼区华清池。竖匾。边饰以祥云飞凤图案。

　　现存飞霜殿为1959年按唐代建筑风格重建。是唐玄宗李隆基与杨贵妃的寝殿。"飞霜"取每逢雪花纷飞时独有此殿前落雪为霜之意。"春寒赐浴华清池，温泉水滑洗凝脂。侍儿扶起娇无力，始是新承恩泽时。"这是白居易对杨贵妃在华清宫内沐浴的生动描写。

拍摄自北京颐和园北宫门。吉祥纹边横匾。

北宫门曾是清漪园的正门，呈两层小楼状，歇山顶。楣檐下，前檐为"凤策扬辉"匾，后檐是"兰馨菊秀"匾。"兰馨菊秀"四字以春、秋两季之花，概括地赞美颐和园之环境。宋王汝舟《咏归堂隐鳞洞》诗中有"菊秀兰香自占春"句。

# 匾额的文物价值

匾额历史悠久。据文献记载，汉高祖六年（前201），萧何题写"苍龙""白虎"两匾额，这是最早出现的匾额。匾额问世后，作为真实而宝贵的一方档案，其上下款文字、匾序、跋文，都蕴含着丰富的史料信息，可以弥补史籍方志记载的不足，具有补史正史的文物价值。

匾额可以丰富我们对历史人物的认知。例如，透过"三希堂"匾额我们可认识乾隆帝的为政取向与文化爱好；透过"旌""节"匾额可了解旧时女性的不幸。

匾额的内容多为当时重要事件的记录，可与正史相互印证。2020年1月北京密云发现明代长城古堡石匾额，上刻"左辅雄关"四个大字。石塘路城堡遗址是当时驻军的边关要塞。作为长城建筑，2013年公布为全国重点文保单位。这块匾额的发现印证了石塘路城堡遗址位于密云区石城。

与历史同行的匾额，其字、印、雕、色，无不烙印着当时的社会发展与文化艺术水平。透过匾额，从那凝练而传神的题词、俊逸洒脱的书法、精雕细琢的图案中，我们可以看到某个特定历史时期的政治、经济、文化、艺术、民俗民风等的价值取向与发展水平。

"以匾研史，可以佐旺；以匾研涛，可得涛眼；以匾学书，可得笔髓。"这是对匾额文史价值最好的写照。

拍摄自陕西西安临潼华清池。

华清池南靠骊山，北临渭水，是以温泉汤池著称的离宫。历代帝王在这里修建行宫别苑，最早名"星辰汤"，后又称"汤泉宫""温泉宫"，唐玄宗之后为"华清宫"。

华清池唐御汤遗址是我国目前发现的唯一一组皇家御用汤池遗址，包括海棠汤、莲花汤、星辰汤、太子汤、尚食汤等五组汤池。

"汤"在古代专指温泉。"海棠汤"即杨贵妃的御用汤池。据清《临潼县志》："芙蓉汤，一名海棠汤。在莲花池西，沉埋已久，人无知者，近修筑始出，石砌如海棠花，俗呼为杨妃赐浴池。"海棠汤俗称贵妃池，池内平面如一朵盛开的海棠花。

贵妃，南朝宋孝武帝刘骏于孝建三年始设，地位次于皇后，自隋至清多沿置。明成化年间，明宪宗在其上另设皇贵妃，位降一等。清代沿用。

　　杨玉环，号太真。唐玄宗册封其为贵妃。安禄山叛乱，随玄宗流亡蜀中，途经马嵬驿，士兵哗变，含恨被赐死。是年三十八岁。

　　【读后感】风光一时或胜过平庸一世。池因贵妃而贵，远胜于其他"汤"了。

拍摄自甘肃敦煌鸣沙山东麓莫高窟。额文为郭沫若书。

莫高窟起初记载为"漠高窟"，意为"沙漠的高处"。后世因"漠"与"莫"通用，改写为"莫高窟"。另有一说：佛家有言，修建佛洞功德无量，莫者，不可能、没有也。莫高窟，指没有比修建佛窟更高的修为了。

莫高窟，在1700多米长的崖壁上，迄今保存洞窟735个，壁画4.5万平方米，泥质彩塑2400余尊，唐宋木构窟檐5座。它的开凿始于十六国的前秦时期，至元代，前后延续约1000年。

　　莫高窟集建筑、雕塑、壁画于一体。洞窟建筑采用禅窟、中心塔柱窟、殿堂窟、佛坛窟、大像窟等多种形制。窟型最大者高40余米、宽30米，最小者高不足尺。彩塑内容有佛像、菩萨像、佛弟子像、天王像、力士像。彩塑形式有圆塑、浮塑、影塑等，最高的34.5米，最小的仅2厘米左右。壁画绘于洞窟的四壁、窟顶和佛龛内，主要有尊像画、释迦牟尼故事画、佛成佛后说法教化的故事画、经变画、佛教史迹画、供养人画像、装饰图案画等。

　　敦煌石窟与山西大同云冈石窟、河南洛阳龙门石窟并称中国三大石窟。

　　【读后感】每一次凿刻、彩绘，皆是信仰的力量、文化的力量、艺术的力量。

拍摄自安徽绩溪龙川胡氏宗祠。此额为祠内遗存的古匾额。

明代，龙川胡氏第三十世孙胡富，官至南京户部尚书。他在龙川建府第，曰少保府，文徵明为其书匾"世恩堂"。后少保府毁。"世恩堂"匾被一农民作床垫用而留存。该匾款识"嘉靖丙午之秋""文徵明书"，佐证了当年的历史。

拍摄自陕西西安临潼区华清池。

五间厅位于华清池环园内。始建于清朝末年。1936年，蒋介石两次入陕，都以华清池为"行辕"，下榻五间厅。是年12月12日凌晨张学良、杨虎城发动兵谏，西安事变爆发，改写了中国历史。如今，五间厅的玻璃窗、墙壁上仍留有见证这一史实的众多弹孔痕迹。

拍摄自清华大学清华园。

清华园原址为清康熙年间所建熙春园的一部分。道光年间，熙春园分"近春园""熙春园"东西两园。咸丰帝登基之后，将熙春园改名为"清华园"。此匾额现悬于清华大学工字厅，为咸丰帝御笔亲题。

拍摄自山东蓬莱北丹崖山蓬莱阁。

1934年5月，国民党将领李烈钧邀请冯玉祥游蓬莱。李烈钧拟对联一副："攻错若石，同具丹心扶社稷；江山如画，全凭赤手挽乾坤。"让冯玉祥出一横批。冯玉祥即写下"碧海丹心"四字。后人刻石于此，以志纪念。

拍摄自南京总统府旧址。

"太平一统"，为太平天国的政治纲领。其意为"天下一家，共享太平"。1866年，太平天国失败，天王府宫殿化为灰烬。后人于原东偏殿遗址仿建天王宫殿（天王宝座）、天王书房和天王内宫等。"太平一统"匾额即悬于重建后的天王宝座上方。

拍摄自苏州山塘街136号。

岭南会馆是苏州最早设置的会馆之一。明万历年间由广州商人创建，主要用于同乡聚会、祭祀、交流、存货等。由于年代久远，现仅存清代重建头门三间，曾一度无人问津。民国元年在此创办学堂，后名"惠群小学"，即山塘街小学的前身。现引入社会资本辟为非遗展示等用所。

匾额：异体字的雅趣

汉字造字，有所谓"六书""四体二用"之说。"六书"：象形、指事、会意、形声、转注、假借；"四体二用"：象形、指事、会意、形声为四种形体构造，转注、假借为两种用字法。以字形结构而言，有独体字与合体字之分。象形字、指事字为独体字，即不能再拆分；会意字、形声字为合体字，能够再拆分出两个或两个以上的独体字或偏旁。

匾额中的一些字体遵循汉字造字法，演绎出一些"错字""别字""生僻字"，妙趣横生，让人体味无穷。如江苏扬州大明寺平山堂正堂左边的"风流宛在"匾额，"流"字少一点，而"在"字多一点，寓意少点风流，多点实在。

有些是笔画上或多了一横，或少了一点，或故意不带钩，让人读后衍生出许多富有想象力的推测，增加了游览雅趣。如山东孔府门前对联中，"富"字少一点，宝盖头成了秃宝盖；"章"字中一竖一直通到上面，代表"富贵无尽头，文章可通天"。

有些字明明写得很是工整，可就是不认得。其实这些字是"民间组合字"，用两个或两个以上的汉字根据其意义之间的关系组合成一个字，综合表示其构字成分组合之意义。如"天长地久"四字，有人以"青气"二字组合代表"天"，"万丈"二字组合代表"长"，"山水土"三字组合代表"地"，"多年"二字组合代表"久"。

　　拍摄自河北承德避暑山庄。避暑山庄正殿大门门额。康熙帝御笔，题写于康熙五十年（1711）。字体浑厚、有力。匾额四边镂空雕刻龙与祥云，精美绝伦。

　　额中"避"字右边的"辛"下部多写了一横，被民间戏称"天下第一错字"，并附会，康熙皇帝忌讳"避"字有"逃避"的意思，不吉利，认为"此是避暑之避，不是避难之避"，遂特意加了一笔。其实，此处多加一横是书法中的"添笔"，并非错字，古代很多书帖中都有类似情况，如唐欧阳询的《九成宫醴泉铭》、明董其昌的《东方朔画像碑赞卷》。

　　避暑山庄始建于康熙四十二年（1703），历经康熙、雍正、乾隆三代皇帝，建成于乾隆五十七年（1792），是清帝消夏避暑、宴飨娱乐、处理朝政的夏都，是北京紫禁城之外的第二个政治中心。它占地约564万平方米，是中国现存最大的古代帝王宫苑。

　　【读后感】一字误解，或传为笑谈，或酿成苦难，个中曲直为春秋辨。

拍摄自成都武侯祠。武侯祠二门门额。清人吴英手书。

"明良千古"，明君良臣，千古垂范。额中"明"字写成了"目"字旁。匾额题款时间是康熙丙子孟冬。康乾时期文字狱甚重，多写一横以避讳明朝的"明"。

二门两侧门柱有对联两副，其中一副为"合祖孙父子兄弟君臣，辅翼在人纲，百代存亡争正统；历齐楚幽燕越吴秦蜀，艰难留庙祀，一堂上下共千秋"。这里所说的祖孙指刘备与刘谌、诸葛亮与诸葛尚；父子有关羽父子、张飞父子等；兄弟则首推刘、关、张三位异姓兄弟，还有关兴、关平亲兄弟；刘备与其文臣武将是君臣关系；人纲自然是"君为臣纲""父为子纲"；正统是指封建王朝的世承系统。下联是说他们转战齐（鲁）、楚（鄂、皖）、幽燕（冀、辽）、越吴（浙、苏）、秦（陕）、蜀（川）等地，艰难立国，留下这座祠庙，君臣一堂，千秋永在。长联作者是刘咸荣，清末内阁中书。

【读后感】成事者，孤掌难鸣。

拍摄自安徽滁州琅琊山。古梅亭亭额。

古梅亭在醉翁亭院北，因亭前一株古梅而得名，又称赏梅亭。相传此梅原系欧阳修手植，世称"欧梅"，是全国四大寿梅之一，被誉为琅琊山"镇山之宝"。现存古梅为明人补植。

额中第二字为"梅"的古体字。时下导游词称，该字为会意字，上有一口字，内含一点，下为一水字，好似口中衔一梅果，不由你不满口生津。此说诙谐，让人一乐。

古梅亭原名"梅瑞堂"，是一座四角飞檐、四面有墙的厅堂，1535年由滁州判官张明道为观赏梅花而建。两副楹联之一："醒来欲少心无累，醉后心闲梦亦清。"依照常理，饮酒先醉后醒，可此处却是"醒"联为上联，"醉"联为下联。个中之意，可去琢磨。

古梅亭内壁另镶嵌六块清人咏梅诗碑，有"冰姿秀挺古梅干，石罅根盘老树枝。但得醉翁山外客，低回今昔总相宜"等句。

【读后感】油盐酱醋为过日子，赏梅吟诗为有文化。

拍摄自甘肃嘉峪关。额悬于嘉峪关关城戏台。

上款："嘉庆七年岁次壬戌桐月上浣穀旦。"下款："赐进士出身署嘉峪关营游击肃州城守营都司麟州王勤民。"桐月，农历三月。上浣，农历初一至初十，即每月上旬。穀旦，晴朗美好的日子。麟州，现陕西神木。

乾隆五十七年（1792），嘉峪关游击袋什衣携官兵和地方百姓重建嘉峪关戏台，戏台对面即关帝庙，意在宣扬关帝信仰，传播以忠孝礼义仁信为主的文化。戏台两侧砖砌八字影壁上有砖刻楹联："离合悲欢演往事，愚贤忠佞认当场。"

匾文中"正乾坤"三字为楷体。第一字因书法异体而有争议，有"义正乾坤""篆正乾坤""彖正乾坤"等说法。山西平遥古城二郎庙戏台亦悬"篆正乾坤"额。"篆"为官印，引申为官位、职位。意为"位正乾坤"。

【读后感】一字之存异，一字之为师。

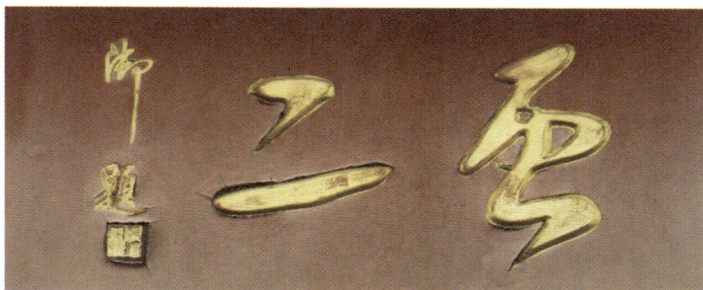

拍摄自苏州东山启园。额悬于启园御码头碑亭。

清康熙帝于康熙三十八年（1699）巡幸苏州东山时在此登岸。1933年，席氏为纪念其祖上在此迎候康熙帝而兴建启园。

启园，为江南少有的山岳湖滨园林，既有苏州园林的小巧玲珑、曲折幽深，也有脉接山峰、波连浩瀚太湖的粗犷气魄。整座花园，厅堂轩榭、廊舫斋馆、花径小桥、藏山纳湖，构筑十分和谐。其中，康熙帝手植杨梅树、柳毅井和御码头为"启园三宝"。

御码头由牌坊、碑亭和栈道组成。碑亭悬"虫二"匾额。"虫二"，风月无边的意思。风的繁体字为"風"，虫加一撇，是虫的异体字。"風月"没有外框，就是"虫二"了。

"虫二"的使用由来已久。杭州西湖湖心亭有"虫二"碑，泰山亦有"虫二"石刻。

【读后感】生命，无论身份身价，都需要"幽默"二字，让生活为之一笑。

355

# 后　记

　　2003年春，原苏州市沧浪区开启了"文化沧浪"之旅。我当时在该区宣传部工作，受浓郁的地方文化之影响，萌生了编一本"匾额"小册子的想法。

　　在之后的日子里，每到一地，我总会收集该地景点介绍册页，并有意或无意地用相机记录景点门楣上的匾额。近二十年的积累，我收集了相关地方的景点介绍册页百余份，拍摄了千余幅匾额图。颇为遗憾的是，限于自己的拍摄水平与当时的拍摄条件，这些匾额图片质量并不见好。

　　一方方小小的匾额，其承载的文化符号极为丰富，涉历史、地理、天文、文学、艺术、政治、民俗、书法、雕刻等多学科知识。阅读匾额，实难读懂、读全、读通。这本小册子只是记载我通过各地景点介绍册页和相关资料对二百余方匾额的阅读，不代表这些匾额所蕴含的全部义理。我的阅读错漏在所难免。恭请指导指正。

本书写作期间，正值举国上下与新冠病毒斗争的日子。尤其是2022年12月，我与家人都不幸被感染。我每日坚持读匾，终于成稿。

各相关地方的景点介绍册页和网络上诸多老师的读匾文章给了我极大的帮助，在此一并表示感谢。我还要感谢的是二十年前"文化沧浪"的策划者、组织者与实践者。特别是宋文辉、路军、陈曙光、朱奚红四位领导，没有他们的决策实施，就没有"文化沧浪"的孕育，就没有我撰写此书的初衷。这本小册子也是我对"文化沧浪"二十周年的纪念。

虞掌玖

2023年1月3日